AF309295

ERNEST GAY

L'ALGÉRIE

d'aujourd'hui

Ouvrage illustré de 55 gravures

PARIS

ANCIENNE LIBRAIRIE FURNE

COMBET & CIE, ÉDITEURS

5, RUE PALATINE (VIe)

L'Algérie d'aujourd'hui

TYPOGRAPHIE FIRMIN-DIDOT ET Cⁱᵉ. — MESNIL (EURE).

ERNEST GAY

L'ALGÉRIE

d'aujourd'hui

Ouvrage illustré de 55 gravures

PARIS

ANCIENNE LIBRAIRIE FURNE

COMBET & CIE, ÉDITEURS

5, RUE PALATINE (VIe)

L'ALGÉRIE D'AUJOURD'HUI

I

DE PARIS A MARSEILLE. — DE MARSEILLE A ALGER.
ALGER. — ESPERANDIOUS.

Quand, après un hiver rigoureux et une série
de mauvais jours qui ont mouillé l'été et compromis
l'automne, on quitte Paris, le soir, en partance
pour l'Algérie, il semble que la seule perspective
de trouver là-bas le soleil qu'on n'est plus accou-
tumé de voir, vous mette dans l'humeur une
pointe de gaieté. Et, à peine remis de la lutte
engagée contre les Anglais en voyage qui prennent
le compartiment pour une voiture de déménagement, on se blottit en un coin si laborieusement
conquis et l'on s'endort avec l'espoir qu'aux premières lueurs du jour, le déserteur Phébus va venir
au-devant de vous, radieux, et vous faire cortège.

Ainsi commença mon rêve, interrompu quelques heures plus tard par le sifflet bruyant de la locomotive qui vous éveille comme pour vous dire : Voici le jour, on ne dort plus, on regarde! Et s'étirant les bras, on s'écrie dans un bâillement prolongé :

— Où diable sommes-nous?

— Où nous sommes? Té, pardi, à Montélimart, ça ne se demande pas, ça se sent! Vous ne voyez donc pas les maisons dont les murs sont en nougat?

— Alors je vais descendre pour les lécher, ces murs, car j'adore le nougat!

— Vous êtes de la Gascogne, je crois?

— Non, riverain, seulement!

— Eh bien, il est inutile de descendre. Savez-vous que tout le monde en ferait autant? Mais le maire, qui est un homme pratique, ne tolère cette licence qu'une fois par an et... ce n'est pas le jour!

— Oui, l'éternelle histoire du barbier : aujourd'hui on paie et demain on rase pour rien!

Mon interlocuteur me tendit la main.

— Vous me paraissez bon vivant, fit-il avec une rondeur toute méridionale, et nous étions faits pour nous entendre. Où allez-vous?

Entamée de cette façon, la conversation ne devait pas chômer. Les questions succédaient aux questions auxquelles je répondais de mon mieux, avec peine, cependant, tant elles se pressaient. Et quand notre homme fut fixé sur le but de mon voyage et sur ma généalogie — il fallut tout lui dire, où j'étais né, ce que je faisais, etc., — il s'écria :

— Moi, je suis Marseillais, Marseillais pur sang, mais j'habite Paris depuis plus de trente ans... Vous souriez parce que j'ai conservé l'assent de Marseille?... Cela n'est pas bien étonnant : je lis le *Petit Marseillais* tous les jours! — Il y a des années que je veux aller en Algérie, moi aussi, je n'en ai jamais eu le temps... les affaires ne l'ont pas voulu... Les affaires, c'est l'esclavage! Et c'est si près de Marseille, l'Algérie, cependant! Une enjambée de vingt-quatre heures, et ça y est! Mais voilà, les affaires, c'est l'esclavage!

J'écoutais ce diable d'homme qui parlait, parlait toujours et qui, pour un peu plus, allait me proposer de m'accompagner en Algérie. Il est vrai que ce devait être un joyeux compagnon de voyage! Et, tout en l'écoutant, je regardais le paysage; le soleil, encore timide, apparaissait sur des points isolés comme s'il voulait, tour à tour, éclairer chaque montagne, véritable dos de dromadaire dont il avait usé et séché la peau.

— Ça commence à être joli, n'est-ce pas? Vous

verrez, en approchant de Marseille, le soleil a une autre couleur qu'ici... Nous sommes encore trop près de Paris ! A propos, vous ne savez pas mon nom ?... Vous m'avez dit le vôtre sans demander le mien... Je m'appelle Esperandious, un joli nom et qui sonne bien... Esperandious ! Esperandious !! Esperandious !!! Un nom dont on a plein la bouche ! Dans le Midi, ça veut dire : espère en Dieu ! Et comme ça tombe !... moi, je suis un parpaillot... Tenez, regardez, maintenant, ce cirque qui a commencé à Valence... les montagnes s'approchent et s'éloignent, le cirque se referme un peu avant Châteauneuf et on se demande comment le train va en sortir...

— Parbleu, répliquai-je, le mécanicien est un nouveau Roland... regardez-le... déjà il brandit sa grande épée pour fendre les rochers et nous ouvrir un passage...

Esperandious se pencha à la portière...

— En effet, murmura-t-il, ne voulant paraître surpris de rien.

Le train passa sans encombre, dominant et côtoyant la rivière mince et fluette qui serpentait dans un lit trop grand. Puis le cirque s'étend et la plaine, alors, offre une végétation plus drue, plus variée avec ses mûriers vigoureux qui mettent partout, en attendant la très prochaine moisson de leurs feuilles, de larges taches rondes et vertes parmi les vastes et jaunes champs de maïs dont les hautes tiges, ainsi que des gerbes de fusées, s'inclinent, retombantes, en belles grappes dorées. Plus loin, les chemins et les ruisseaux se confondent, les uns au-dessus des autres, lamentablement desséchés, et l'œil ravi, malgré tout, admire ce paysage tantôt tourmenté, tantôt uniforme, lorsque retentit ce cri : Tarascon! Tarascon!! Tarascon!!!

Que de souvenirs ce seul mot évoque! On cherche Tartarin en observation sur la tour, que là-bas, sans doute, l'habitant du pays prend pour un fort avancé! Et ce mot a éveillé, brusquement, mon voisin qui commençait à s'ennuyer de ne plus parler. Il répète, avec trois intonations différentes :

— Tarascone! Tarascone!! Tarascone!!! Cela vous dit quelque chose, hein? Quel blagueur que ce Daudet! Vous savez, il n'a jamais existé, Tartarin, que dans l'imagination de l'auteur qui a voulu blaguer le Midi!... Et il prétend en être, encore, du Midi! Et sa Tarasque, parlons-en! Il n'a seulement pas raconté la véritable légende!

— Ah! Et vous la connaissez, la véritable légende?

— Parfaitement que je la connais et je vais vous la raconter... Elle est authentique, celle-là!

Le train parti, je devins attentif ainsi qu'il convenait, pour savourer le récit d'Esperandious :

— C'était en... la date importe peu... puis, il ne faut pas trop préciser, de peur de se tromper de quelques mois... Il y avait à Tarascon un juge de paix aussi célèbre par ses jugements que par ses démêlés avec la famille de sa femme, la plus jolie fille de toute la région... et il y en a, cependant, des jolies filles! Mais cette fille avait une mère absolument enragée, une véritable vipère dont la langue empoisonnait tout ce dont elle parlait... On la redoutait, et quand on s'occupait d'elle, on ne prononçait jamais son nom; on disait, simplement : la *Tarasque!* Tout le monde savait qui cela était. Le juge de paix, non par tendresse mais par crainte, jugeait selon les sentiments de sa belle-mère, et vous voyez d'ici ses jugements! Cela eut du bon... Ne riez pas, je vais vous expliquer la chose... En effet, les plaideurs avaient une telle frayeur des jugements dictés par la mère ou la femme du juge de paix que, pendant les dernières années de sa méchante existence, on ne plaida plus... Ce fut un enchantement, sur ce point, mais la Tarasque brouilla alors les familles entre elles et Tarascon commença à se vider... On désertait la ville... Enfin, fort heureusement, la mort, courageuse à l'excès, n'eut pas peur de cette femme et l'enleva. Comment? La Tarasque s'était empoisonnée elle-même un beau jour qu'elle avait dit du bien du seul homme qui eût jamais trouvé grâce devant elle, du greffier du juge de paix!... Elle s'était mordu la langue; elle en mourut!... C'est ici qu'apparaît réellement la légende... On raconte que le juge de paix, au lieu de faire enterrer sa belle-mère, la fit embaumer et la conserva chez lui pour la montrer aux plaideurs qui, se croyant débarrassés du monstre, recommençaient à plaider... Longtemps, le remède fut infaillible... Et voilà comment la Tarasque de Tarascon fut, simplement, la belle-mère d'un juge de paix!

Esperandious avait débité cela avec un tel aplomb et, il faut bien l'avouer, avec une telle conviction, que je n'osai pas rire. Toutefois, un bout de temps après, je me risquai :

— Mais elle est très vraisemblable, votre légende !

— N'est-ce pas? Et comprend-on Daudet qui n'en a jamais parlé?

— Il a eu peur d'exagérer !

— Avec ça qu'il s'est gêné !

— Je veux dire qu'il a eu peur d'être pris pour un plagiaire !

— Oh! oui, je sais. Vous voulez faire allusion à la *Femme gênante* de Gustave Droz... j'ai lu, allez... après tout, vous avez peut-être raison... Si Daudet n'a pas osé parler de la légende que je viens de vous conter, de la vraie légende, par conséquent, c'est peut-être pour ne pas copier Gustave Droz et, cependant, les deux femmes ne sont pas comparables !

— Mais elles étaient gênantes toutes les deux!

— Possible, possible...

Le Marseillais ne suivait plus bien le fil de ses idées. Sa légende s'embrouillait, et je la donne telle qu'il me la donna lui-même. Il ajouta, néanmoins, avec un certain air de mépris :

— Quel fumiste, tout de même, que ce Daudet! Et il se dit du Midi !

Le train filait toujours, brûlant les stations, courant vers Marseille qu'on allait bientôt atteindre. Esperandious reprit :

— Hein! que dites-vous de ce soleil? N'est-ce pas qu'il n'a pas la même couleur qu'à Paris?

Et sans attendre la réponse, il s'écria, en se précipitant à la portière :

— Est-ce que vous savez danser le quadrille des lanciers? attention! C'est ici qu'il fut inventé; seulement il n'avait pas le même nom. On l'appelait le Pas-des-Lanciers... mais on dénature tout ce qui vient de Marseille, par jalousie, et à Paris, il devint le quadrille... Et cette station, pour perpétuer le souvenir de cette invention chorégraphique, porte le nom de Pas-des-Lanciers! Mais regardez donc notre soleil... il inonde Marseille! Et nous y voici, à Marseille!

On était arrivé. Le loquace Esperandious me fit promettre de l'attendre à l'hôtel, après le déjeuner.

Marseille, les îles de la rade.

On prendrait le café sur la Canebière, puis il me piloterait, puisque je ne partais que le lendemain pour l'Algérie. Il tint parole et me pilota tant et si bien que, le soir, j'étais fourbu. Ce diable d'homme était monté pour vingt-quatre heures! Il parlait, parlait toujours, infatigable, donnant des détails sur chaque chose, ainsi qu'un guide bien stylé. Notre-Dame de la Garde, surtout, excitait sa verve. Il mêlait aux descriptions du pays une explication technique sur le fonctionnement de l'ascenseur, et à ses idées de libre penseur, un fond de religiosité. Puis il s'emballe et s'exprime avec une volubilité extraordinaire.

— Quel coup d'œil! C'est un rêve! Voyez ce panorama! Ici, le golfe du Lion, les îles de Ratonneau et de Pomègue, le vaste bassin du Frioul, le château d'If, Endoune, le château du Pharo, les tours crénelées de Saint-Victor, le fort Saint-Nicolas, les collines de Sausset et de Carry-le-Rouet, de la Nerthe, l'Estaque, les ports Nord et les docks, les bassins National et de la Joliette, le phare Sainte-Marguerite, la nouvelle cathédrale, le vieux port, les hauteurs de Saint-Laurent et les Accoules, le fort Saint-Jean, l'Hôtel de Ville, l'Hôtel-Dieu, le quai de la Fraternité, la Canebière...;

— là, les coteaux de Sainte-Marthe, les collines de la Mûre et de Septêmes, les montagnes de l'Étoile que surplombe le Pilon du Roi, l'Allauch, le pic de Garlaban, les collines d'Aubagne, de Saint-Loup et de Saint-Marcel... Hé! dites, on a parlé du choléra, qu'il était à Marseille?... Le voyez-vous? Nous sommes à plus de 165 mètres au-dessus du niveau de la mer, Marseille est à nos pieds et il me semble que nous verrions, s'il y était, un microbe qui tue tant de monde... Mais si on croyait tout ce que disent ces blagueurs de journaux! Et la Corniche! Est-ce assez joli? Ça impressionne et ce n'est pas à Paris que vous avez un pareil panorama, montassiez-vous sur la tour Eiffel!

Le panorama est en effet merveilleux et impressionnant et le soleil du Midi ajoute encore au grandiose du spectacle. Et le Marseillais, satisfait de son « montassiez » dont il avait plein la bouche, et tout fier d'une admiration que je ne marchandais pas, s'écrie, faisant un beau geste, le doigt tendu vers l'horizon :

— Là-bas, vous ne trouverez pas ça!

Là-bas, pour lui, c'est l'Algérie.

Mais il faut songer au départ, se rappeler qu'on va « là-bas » et qu'il est sage de s'inquiéter de sa place à bord. Hélas! qui trop regarde, qui trop écoute, risque d'être pris au dépourvu et de n'avoir pas la plus petite couchette pour la traversée. Il y a du monde, beaucoup de monde, trop de monde : tout est pris, et ce n'est qu'après de longs et laborieux pourparlers que j'obtiens la promesse du « premier matelas » dans le salon de l'*Eugène Pereire*. L'employé, désireux de ne mécontenter personne, habitué à laisser à tous un peu d'espoir, dit aimablement, dans un sourire dont le sens vous échappe : « Laissez donc, à bord, une fois en mer, tout s'arrangera! »

Quel fourmillement, quelle bousculade! S'il n'y avait qu'à monter à bord, avec un peu de philosophie, on attendrait les événements. Mais il faut faire enregistrer ses bagages, et la queue est longue! ayez la pièce de cent sous facile et vous rencontrez toujours un homme de corvée complaisant. C'est un va-et-vient inénarrable. Chacun cherche sa cabine; on se heurte, on court, on chute; le bateau s'ébranle, il part, le voilà parti. Le temps est superbe. Tout le monde est sur le pont, vraie ruche agitée et bruyante. On est sorti et on admire ce panorama qui s'offre sous un aspect nouveau. C'est beau. On voudrait tout embrasser, d'un seul coup d'œil, pour ne rien perdre... On est absorbé... Tout à coup, une lourde main s'abat sur votre épaule :

— Une surprise, hein! Je n'ai pas pu y tenir. Je vais avec vous. Je n'avais pas retenu ma place, mais ils seront bien obligés de me garder. J'ai enjambé la passerelle à moitié enlevée et me voilà... Ça n'a pas été facile, allez! Que de monde! que de monde! Et c'est tout le temps comme ça! La Compagnie est si bonne fille! C'est en 1880 qu'elle obtint le service postal entre la France, l'Algérie et la Tunisie. Depuis cette époque, beaucoup de modifications ont été apportées dans les services de la Compagnie Générale Transatlantique sur la

Méditerranée par le fait des lignes nouvelles exigées par l'État et surtout sous le rapport de la vitesse... Vous verrez comme ça marche vite! La Compagnie s'est vue dans l'obligation d'adopter de nouveaux types de paquebots qui lui permettent de desservir les lignes rapides qui sont à sa charge et qui sont nombreuses... C'est ainsi qu'elle a dû construire les nouveaux paquebots que tout le monde connaît maintenant, mais qui ont fait faire un pas en avant considérable à la navigation commerciale en Méditerranée, tant sous le rapport du confortable que sous celui de la rapidité... Les passagers s'embarquent sur ces nouveaux paquebots comme ils prendraient le chemin de fer, puisque les itinéraires sont, et peuvent l'être, déterminés à heure fixe. Les plus grandes traversées entre la France et la côte africaine n'excèdent plus 24 heures pour Alger et 36 pour Tunis où il vous faudra aller... Et il y a du monde! C'est si facile de voyager! Il y a trois services rapides sur Alger, le lundi, le mercredi et le samedi de chaque semaine, et un service régulier le jeudi; sur Tunis, il y a aussi beaucoup de monde, les départs des rapides sont aussi le lundi et le mercredi et cette ligne dessert en outre les ports de Sfax et de Sousse de la côte Tunisienne... Avec les paquebots rapides : *Général Chanzy, Ma-*

réchal Bugeaud, Ville d'Alger, Duc de Bragance, Eugène Pereire qui a l'honneur de nous porter, c'est tout de suite fait... Mais on ne va pas qu'à Alger et à Tunis... le jeudi et le samedi on part pour Oran, le mardi et le samedi pour Bône et Philippeville, en ligne directe, et chaque semaine la côte entre Alger et Tunis est desservie régulièrement par les paquebots qui prennent des marchandises et des passagers pour Bougie, Djidjelli, Collo, Philippeville, Bône, La Calle, Tabarka, Bizerte et Tunis... Ce phare, c'est le Frioul; là-haut, Notre-Dame de la Garde où nous étions hier; là-bas, c'est la Corniche... Par ici, on va en Italie... Vous vous en doutiez, n'est-ce pas, rien qu'à voir ce rocher en dentelles de Venise...

Esperandious — on l'a reconnu — est donc du voyage, puisqu'on ne pourrait le ramener à terre. Il parle, parle toujours; tout de suite, il a fait connaissance avec les passagers, et le commandant Lota est le premier à rire de l'aventure. Son bagout l'amuse, maintenant que le bateau est bien en route et que sont passées les préoccupations du départ.

— Dites donc, commandant, si le temps continue, il faudra faire deux séries pour le dîner... les manquants sont rares... nous serons de la deuxième, pour être plus tranquilles... Une vraie mer d'huile... On voit loin... tenez, ce qu'on prendrait pour un nuage rouge, là-bas, c'est simplement la Canebière qui s'éclaire...

Le bateau filait sans secousse, sur une mer à peine ondulée. Il se déplace, mais il est toujours le centre de la vaste circonférence qui l'entoure

L'*Eugène Pereire*, de la Compagnie Générale Transatlantique.

et l'on attend sans peine l'heure de la deuxième série du dîner qui fut très gai. Puis, sur le pont où l'on voudrait coucher, tant la nuit est belle, on s'attarde en des causeries sans fin. Mais la fraîcheur arrive et, par prudence, il faut gagner son domicile, qui son matelas, qui un banc, qui sa couchette dans une cabine où la température de serre chaude à peine tempérée par les sabords grands ouverts vous prédispose au climat algérien. Et le matin on se retrouve sur le pont, toujours au centre de la vaste circonférence, bien que l'*Eugène Pereire* ait marché toute la nuit. Le commandant s'intéresse à ses passagers. Ont-ils bien dormi? Ne leur a-t-il rien manqué? Et le Marseillais, où est-il? On ne l'a pas encore entendu. Mais il apparaît bientôt, monté sur un vélocipède qu'il manœuvre comme un professionnel. Il parcourt le pont, criant à tue-tête :

— Voici le courrier, il vient d'arriver. Qui veut le *Petit Journal,* le *Petit Parisien,* le *Figaro,* la *Libre Parole,* l'*Intransigeant,* le *Journal,* l'*Écho de Paris...* et le *Petit Marseillais?...*

Cette fantaisie eut un succès colossal. Il avait un gros paquet de journaux, ayant fouillé dans toutes les cabines pour ramasser les feuilles achetées avant le départ, sans se demander s'il n'allait pas troubler le sommeil des passagers ou surprendre les dames en négligé... On lui pardonna. C'était original. Il ne s'en tint pas là. Esperandious a remarqué, la veille, un groupe de passagers qui accablaient le commandant de questions, voulant tout savoir et demandant des explications techniques sur le fonctionnement de la machine, de l'hélice... et il s'est promis de débarrasser le commandant Lota de ces curieux gêneurs... L'occasion ne se fait pas attendre. A peine a-t-on posé

une question au commandant, que le Marseillais,
d'une voix forte, commence son boniment :

> Vite, Messieurs, approchez-vous,
> Autour de moi rangez-vous tous ;
> Écoutez l'histoir' surprenante
> De cette machine étonnante
> Qui marche la nuit et le jour
> Et que l'on chauffe comme un four (*bis*).

> D'abord, voici la cheminée
> Par où s'échappe la fumée,
> A droite, à gauche, tour à tour
> Vous apercevez un tambour.
> Examinez ce manomètre
> Tout marqué de fractions du mètre,
> Qui indique fort clairement
> Si la vapeur monte ou descend (*bis*).

> Là-bas, voyez ces ouvertures
> Avec leurs doubles couvertures :
> Ellipse est le nom, voyez-vous,
> Que nous donnons à ces deux trous.
> A présent, nous pouvons descendre ;
> Il ne reste rien à apprendre
> Sur le pont qu'il nous faut quitter.
> Suivez-moi, voilà l'escalier (*bis*).

> Arrêtons-nous sur les plat's-formes.
> Nous pourrons admirer les formes
> Et le sublime mouvement
> Qu'offre la machine en marchant.
> Les cylindres sont là, d'abord,
> Comme les tours d'un château-fort ;

C'est là que toujours vont et viennent
Les grands pistons qui se promènent,
Prenant leurs gracieux ébats
Depuis le haut jusques en bas (*bis*).

Cependant, alors qu'on les presse,
Ils ont une telle vitesse,
Un si rapide mouvement
Qu'on ne peut les voir en passant.
Plus bas sont les deux balanciers
Qui pèsent six mille milliers ;
Ces énormes morceaux de fer,
Qu'on dirait forgés dans l'enfer,
Puis apportés dans cette calle
Par quelque puissance infernale,
Viennent pourtant assurément
De chez..... le fabricant.
Ce tuyau de cuivre vousté,
Fourchu par son extrémité,
Sert à conduire le moteur
De notre machine à vapeur.
Cette colonne cannelée
Renferme une route cachée.
Elle est creuse du haut en bas
(D'ici vous ne le voyez pas) (*bis*).

Je vais dire, Messieurs, l'usage
Auquel sert cet étroit passage
Comme ce large et bas tuyau
(Ce mécanisme est vraiment beau) (*bis*) :

C'est par cette étroite rigole
Qu'à des moments précis s'envole
Pour s'en aller au condenseur
— Lorsqu'elle a servi — la vapeur.

Il faut d'abord qu'elle s'arrête
Afin de se tenir bien prête
A partir du double tiroir
Qu'ici et là vous pouvez voir (*bis*).

Au condenseur lorsqu'elle arrive,
De sa vertu, vite, il la prive
Et prenant un état nouveau,
Crac, la vapeur redevient eau.
Ce cylindre, au plateau si clair,
Reçoit le nom de pompe à air,
Il sert à purger la machine
Quand quelque chose la chagrine :
Ainsi cette pompe en pompant
Améliore le mouvement (*bis*).

A présent, voyez par ici
Ce tuyau pas plus gros qu'un i ;
D'abord caché ainsi qu'un fourbe,
Bientôt après il se recourbe,
Se relève soudainement
Comme pourrait faire un serpent (*bis*).

Allez, celui qui le plaça
Ne le mit pas sans raison là,
Car il savait que son action
Produirait la condensation.
Par ici sont les grandes bielles
Qui font tourner les manivelles
Chacune à l'aide d'un grand T
Ressemblant à la lettre T (*bis*).

A présent relevez la tête,
Et que votre regard s'arrête

Sur l'excentrique et son chemin
(Tout ceci gagne à l'examen).
Pour ne rien laisser en arrière,
Tournons-nous vers notre chaudière
Formant quatre compartiments,
Deux par derrièr', deux par devant.
Vous serez, sûr, surpris d'apprendre
Qu'on y peut par un trou descendre,
Presque partout s'y promener
Si l'on veut un peu se gêner (*bis*).

L'eau qu'elle pourrait contenir
Va sans doute vous ébahir,
Jugez-en vous-même au surplus :
C'est quarante tonneaux et plus.
Il est un sûr moyen d'extraire
Tout le sel qui pourrait s'y faire :
Pour y parvenir, nous ouvrons
Ces tuyaux, dits d'extraction (*bis*).

Les soupapes de sûreté,
Pièces de grande utilité,
Laissent échapper la vapeur
Avant qu'il arrive malheur..
Ces tubes aussi garantissent,
Car toujours ils nous avertissent
Du précis et juste niveau
Où l'on doit sans cesse avoir l'eau (*bis*).

Voici la soute alimentaire
Où se met le charbon de terre.
Il en existe une autre aussi
Que vous pouvez voir par ici.
Pour vous montrer ce qui termine
L'assemblage de la machine

En rade d'Alger.

Maintenant nous allons monter.
Messieurs, reprenons l'escalier (*bis*).

Ces grandes pièces latérales
Et qui sont en tout point égales,
Ce sont les rou's et leurs rayons ;
C'est par elles que nous marchons (*bis*).

Le grand axe qui les assemble
Toujours les fait tourner ensemble
Et tourner fort vite parfois,
Par minute jusqu'à vingt fois (*bis*).

Si le récit que je viens d' faire
A pu, Messieurs, vous satisfaire,
C'est plus qu'il n'en faut pour payer
Le mal que j'ai pu me donner (*bis*).

Chaque refrain était chanté en chœur.

Ce fut un véritable triomphe pour le Marseillais qu'on acclame et qui, modestement, remercie. La nuit, il avait trop chaud, et pour tromper son insomnie, il a composé, sans prétention, au courant de son crayon, cette complainte de circonstance. Et chaque fois que le groupe des raseurs s'arrête devant un objet quelconque, Esperandious s'attache à lui et débite le couplet qui lui paraît le plus approprié à la situation.

Il en résulta un incroyable remue-ménage à bord de l'*Eugène Pereire*. Partout, de la première à la dernière classe, ce n'est qu'un vaste et bruyant

éclat de rire; on veut voir le héros du moment,
mais le paquet de raseurs gagne les cabines pour
ne plus reparaître.

— Hein! s'écriait Esperandious radieux, qu'est-
ce que vous dites de ça? Est-ce assez trouvé? Ai-
je bien fait de venir? C'est le commandant qui est
content! Je vais lui demander de ne pas me faire
payer la traversée, ça vaut bien ça!

On se calma, cependant. Les montagnes de la
Kabylie apparurent, dans la brume; des marsouins
semblaient tenir conseil, réunis en cercle, à quelques centaines de mètres du bateau; un petit
oiseau, fatigué, voltige sur les cordages. La terre
est donc proche. Le Marseillais est navré; on ne
s'occupe plus de lui. Il maudit déjà la versatilité
humaine. Mais les montagnes grandissent et Alger
la Belle étale son amphithéâtre dans le bleu transparent du ciel.

— Ça ne vaut pas Marseille, dites?

Les deux panoramas ne sont certainement pas
comparables, mais tous deux sont bien beaux. On
s'extasie. Le *Pereire* entre dans le port. On va se
séparer. Alors retentit une formidable acclamation
à laquelle répondent les cris de la foule massée sur
les quais. Les passagers ont pensé à Esperandious
et lui ont fait une ovation, avant le débarquement.
« Enfin, s'écrie le Marseillais, il y a une justice sur

mer et sur terre! » Puis, pêle-mêle, passagers et
Algérois manifestent : la joie gagne tout le monde.
Pourquoi? C'est le secret des foules. Le Marseillais
compte à son actif une véritable entrée triomphale.
Il rit, il pleure, il crie, il gesticule, il salue, il remercie : il entrevoit déjà la députation au travers
du délire populaire. Il clame :

> Vite, messieurs, approchez-vous,
> Autour de moi rangez-vous tous!

Mais la foule, renseignée et déconfite, s'écoule
bruyamment : elle croyait acclamer un grand per-
sonnage et Alger n'a qu'un Marseillais de plus
dans ses murs!

Fini le rêve!

Quand on a débarqué à Alger le premier soin du
voyageur est de s'occuper de ses bagages. Et ce
n'est pas chose facile! La douane n'est pas expéditive. Les heures s'écoulent, vous vous impa-
tientez en vain : votre malle n'arrivera pas encore :
peut-être dans la soirée, par exception, ou, plus
normalement, le lendemain matin. Et tout de suite,
vous pouvez circuler en ville, vous promener le
long du boulevard de la République, sous les arcades, vous asseoir devant un café où l'on n'est
jamais seul — le café tient une large place dans
la vie du touriste et de l'Européen — et admirer le

panorama merveilleux qui s'étale sous vos yeux
éblouis, partout, à droite, à gauche, et la mer bleue
et calme renouvelle sans cesse ses paresseuses
ondulations qui effacent le chemin que vous venez
de parcourir. Et vous êtes encore là quand vient
la nuit, bien vite, presque d'un coup, et la ville
s'allume, offrant un spectacle tout aussi féerique
que celui de l'arrivée.

Alger a été si souvent et si magistralement
dépeinte que nous ne tenterons pas une nouvelle
description. Là, comme dans les vieilles villes et
dans le vieux monde, la modernité a fait son appa-
rition ; elle a détruit l'ancien pour faire du nouveau
et ce nouveau a changé l'aspect de la ville ; sur
certains points, on ne peut que regretter la disparition de rues et de maisons qui disaient l'histoire
de la cité des Deys et lui donnaient un cachet tout
particulier. Le mieux est souvent l'ennemi du bien
et du beau !

Le moment est venu, maintenant, de consacrer
quelques lignes biographiques au compagnon de
voyage rencontré dans le train qui nous emportait
vers Marseille, au compagnon de voyage qui s'em-
barqua, presque de force, sur l'*Eugène Pereire*,
au compagnon de voyage, enfin, dont la sympathie
parfois exagérée, toujours exubérante, le ramènera
près de nous, en dépit de ses fugues multiples.

— Et maintenant que nous voilà en Algérie, que je vous accompagne partout, que je ne vous

La cathédrale et le Palais du Gouverneur.

quitte plus, s'écria-t-il, il faut que je me fasse connaître. Voulez-vous m'écouter?

Esperandious avait mis tant de modeste bonhomie dans cette interrogation que je l'encourageai à me raconter sa vie. Elle avait été panachée. Dès son jeune âge, il avait fait de la politique et fréquenté les clubs et les réunions beaucoup plus que l'école. Il avait subi une condamnation pour participation aux événements communalistes de 1871 et il adorait la politique.

Doué d'une certaine facilité d'élocution que l'habitude des réunions publiques avait développée, il ne manquait jamais l'occasion de faire un discours. La vue d'une tribune l'hypnotisait. Durant la traversée, appuyé sur les bastingages, il aurait voulu haranguer la mer et les poissons. Et quand il s'était emparé d'une tribune, il y régnait en maître, parlait avec autorité de toutes choses, critiquait avec une violence inouïe l'administration, les pouvoirs publics dont il ne restait plus trace lorsqu'il abandonnait la « chaire aux harangues », la « chaire à pâtée » pour ceux qui avaient la témérité de ne pas penser comme lui; chez lui, les phrases étaient longues et sonores et, comme un dilettante qui exécute un joli morceau de sa composition, il s'écoutait parler. Grand, un peu fort, une grosse tête ronde solidement attachée sur un cou de taureau, le nez assez large, deux gros yeux ronds éclairaient cette face épanouie et farouche que dominait un crâne luisant et horriblement chauve. Il était terrible en ses affirmations qu'il ne rectifiait jamais. L'histoire, pas plus que ses adversaires, ne trouvait grâce devant lui. Il la torturait, pas méchamment, et avec une telle conviction, qu'on se prenait à douter soi-même de ce qu'on savait le mieux. Spécial en tout, il avait de grandes prétentions en art et en littérature : la peinture n'avait aucun secret pour lui. Il se croyait le plus bel homme de son temps et, volontiers, se comparait à Annibal auquel il ressemblait, disait-il, « bien qu'il n'eût jamais vu la photographie du terrible et farouche roi des Huns ». L'anachronisme ne le gênait en rien.

Avec ses idées, Esperandious réclamait la suppression des armées permanentes, et il était cocardier dans l'âme. Il déchirait, à la tribune, l'uniforme, la livrée que portaient les autres, mais lui était enchanté de le porter. Au demeurant, le meilleur homme du monde et pas méchant pour un sou. Il n'avait que des amis quand sa foudre oratoire était tombée. Il est vrai qu'il venait d'exterminer ses ennemis ! Mais il sacrifiait à ses idées, à son parti. Il tonnait contre la presse et avait un faible pour les journalistes dont il recherchait la société, disant : « Ces gens-là font et défont les réputations, mais il faut être avec eux : ils m'attaquent souvent..., bast, ça me fait toujours de la réclame. » Par exemple, il avait la manie des interruptions, où qu'il se trouvât. Pour un peu il se serait interrompu lui-même !

Voilà la confession d'Esperandious.

II

D'ALGER A CONSTANTINE. — CONSTANTINE.

La ligne d'Alger à Constantine forme en quelque sorte la limite sud de la Grande et de la Petite Kabylie. Allant du centre de la province d'Alger au centre de celle de Constantine, elle relie le réseau algérien de la compagnie de P.-L.-M. à celui de la compagnie de Bône-Guelma et forme, avec ces deux compagnies, la grande ligne de chemin de fer qui traverse le nord de l'Afrique, de la frontière du Maroc à Tunis.

L'inauguration de la ligne qui relie les deux principaux centres de l'Algérie — Alger et Constantine — a eu lieu solennellement en avril 1887 et une belle médaille de Roty a été frappée à l'occasion de l'ouverture de la ligne (3 novembre 1886).

Partant d'Alger, la ligne d'Alger à Constantine traverse la plaine de la Mitidja de l'ouest à l'est, jusqu'à Reghaïa (31 kil.). Au delà de cette station, elle descend dans la vallée de l'oued Bou-Douaou qu'elle traverse à l'Alma (38 kil.), puis franchit la vallée de l'oued Corso et remonte le flanc ouest de l'Atlas qu'elle passe au col des Beni-Aïcha. A la station de Menerville (53 kil.), elle s'engage

Sur la ligne d'Alger à Constantine.

dans la belle et pittoresque vallée de l'Isser en suivant la direction du nord au sud. Entre Palestro et Bouïra, elle se dirige du nord-ouest au sud-est; entre Bouïra et El-Esnam, elle contourne l'extrémité ouest des monts du Jurjura et passe de la vallée de l'oued Djamâa, affluent de l'Isser, dans celle de l'oued Sahel, puis elle traverse, entre Bouïra et Beni-Mançour, les grandes plaines du

Sahel, bornées au nord par l'immense chaîne des monts du Jurjura au delà desquels se trouve la Grande Kabylie. Plus loin, après Beni-Mançour, la voie prend la direction du nord au sud pour traverser, dans un pays sauvage et accidenté, la chaîne des Biban, ou Portes de Fer. Elle suit la vallée de l'oued Mahrir et, à Mansoura, se dirige de l'ouest à l'est, laissant à droite le djebel Kteuf et à gauche la chaîne des Biban.

Entre Mansoura et El-Hammam, elle longe la plaine de la Medjana, entre la chaîne des Biban au nord et les monts du Hodna au sud, et arrive à Sétif, point le plus élevé de la ligne entre Alger et Constantine (1.074 mètres au-dessus du niveau de la mer). Puis, le pays des Abd-en-Nour est peu accidenté; au nord, la chaîne des monts Ouled-Kebbab et au sud des *chotts* (marais). A Château-dun-du-Rhummel la voie passe dans un col du djebel Tikouïa et à El-Guerra elle tourne brusquement vers le nord pour entrer dans la vallée à l'oued Bou-Merzoug jusqu'au moment où cette vallée et celle de l'oued Rhummel se rejoignent, presque sous Constantine.

Il était intéressant de donner, le plus sommairement possible, comme un indicateur, quelques renseignements sur la direction générale de la ligne d'Alger à Constantine à laquelle viennent se

raccorder, à Maison-Carrée, la ligne de P.-L.-M.,
d'Alger à Oran, à Menerville, la ligne de Mener-
ville à Tizi-Ouzzou, à Beni-Mançour, la ligne de
Beni-Mançour à Bougie, à El-Guerra, la ligne
d'El-Guerra à Batna, El-Kantara et Biskra, aux
Ouled-Rhamoun, la ligne des Ouled-Rhamoun à
Aïn-Beida, au Kroubs, la ligne de la compagnie de
Bône-Guelma, du Kroubs à Bône et Tunis, et, à
Constantine, la ligne de la compagnie P.-L.-M.
de Constantine à Philippeville.

Il y a, d'Alger à Constantine, 464 kil. 600 mètres
et 44 stations : 17 heures et demie sont nécessaires au trajet! C'est bien long! Fort heureusement, le pays, nouveau pour nous, captive l'attention tant que dure le jour, et il n'est pas une
des 44 stations qui ne motive quelque remarque
intéressante ou ne mérite qu'on parle d'elle, tant
par sa situation pittoresque ou sa prospérité, que
par les souvenirs que son nom évoque, qu'ils remontent aux premiers temps de la conquête ou,
seulement, aux dernières insurrections. Tels les
villages de Menerville, grand centre agricole, de
Palestro admirablement situé dans la vallée de
l'oued Isser, qui furent détruits pendant les
troubles de 1871 mais sont plus florissants que
jamais. Un monument a été élevé à la mémoire
des victimes du massacre de Palestro.

C'est à Beni-Mançour qu'est l'embranchement

Le monument de Palestro.

de la ligne de Bougie. Du bordj situé sur une

hauteur, la vue est très belle : le pic du Jurjura se dresse au milieu de la chaîne de montagnes et l'on aperçoit les crêtes de la chaîne des Biban. On entre dans un pays étrangement tourmenté. Les viaducs biais ou courbes, les tunnels se succèdent; les montagnes sont déchiquetées et dénudées; ici, dans une dépression du Chabet Timilskaret, c'est l'entrée du *Souterrain du Palmier;* là-bas, à gauche dans la plaine, s'élève, sentinelle perdue, oubliée, isolée, un palmier d'une belle venue, près duquel le duc d'Orléans établit son campement pendant l'expédition des *Portes de Fer.* Il est là pour en marquer la date! Plus loin, c'est Sidi-Brahim. Nous sommes dans une des parties les plus accidentées, les plus sauvages de la ligne d'Alger à Constantine : les *Biban* ou *Portes de Fer.* La vallée est resserrée entre de grands rochers disposés en couches verticales qui, en certains endroits, offrent l'aspect d'immenses murailles autrefois régulièrement construites et maintenant en ruines, vestiges étranges de gigantesques forteresses des temps préhistoriques. Au sommet, un pan de mur rectangulaire, paraissant provenir d'un bastion ou d'un château-fort, se détache sur le ciel; près de la voie, on montre au voyageur un rocher qui ressemble à un Arabe avec son burnous. On est véritablement impressionné par la grandeur du spectacle et on se demande quel cataclysme a pu bouleverser le sol au point de redresser ces énormes masses de roches sur une étendue de plusieurs kilomètres !

Ces montagnes forment là *chaîne des Biban,* dans laquelle deux brèches ou trouées offrent seules un passage praticable. Ce sont les *Portes de Fer.* La voie du chemin de fer s'échappe par la Grande Porte (Bab-Kebir), franchit une vingtaine de fois l'oued Chebba sur des viaducs en maçonnérie, disparaît dans le tunnel de Teniet-el-Merdj (2.249 mètres) établi tantôt droit, tantôt courbe, sous la grande ligne de faîte, point de partage des eaux du bassin de l'oued Sahel qui se jette dans la mer à Bougie et sort dans une vaste plaine assez monotone, bordée de tous côtés, à l'horizon, par des montagnes qui s'estompent sur le bleu du ciel et dont les tons variés forment le seul charme de la contrée.

A la station de Bordj-Bou-Aréridj, il y a une animation inaccoutumée, extraordinaire, des attroupements. Une voix bruyante, courroucée, parvient jusqu'à nous. Un homme s'agite, gesticule au milieu d'un groupe nombreux. Les Arabes sont menaçants ; la force armée est prête à intervenir. Le train va partir. L'homme joue des coudes, bouscule tout le monde, se précipite en voiture suivi par la foule de plus en plus menaçante. C'est

Les Portes de Fer et la chaîne des Biban.

Esperandious! Le terrible Marseillais était arrivé la veille après avoir pioché son guide qui disait :

La localité, créée dans les premiers temps de la conquête, était protégée par un fort. Pendant l'insurrection de 1871, la petite garnison, composée de mobiles de Marseille et d'Aix auxquels s'étaient joints les colons des environs, résista plusieurs jours à l'attaque des insurgés. Le général Bonvalet arriva à leur secours. Pendant le siège, plusieurs mobiles et colons furent tués. On a élevé au bas du fort une colonne de marbre blanc sur laquelle sont gravés leurs noms.

Et, en brave phocéen, il était venu en pèlerinage apporter un souvenir sympathique aux compatriotes tombés au champ d'honneur. Quoi de plus naturel? Mais son exubérance s'était donné libre cours. Il voulait venger les morts. Armé d'une formidable matraque, il avait, après sa visite au monument, rossé des Arabes qui, surpris, supportaient les coups de cet enragé ou se sauvaient devant lui. Mais la panique n'avait eu qu'un temps, les arbis s'étaient ressaisis et auraient fait un mauvais parti au *roumi* qu'il avait fallu protéger, garder à vue jusqu'au passage du prochain train pour Constantine.

Il est bien inutile de dire avec quelle chaleur, quelle volubilité, il nous raconta son aventure. Il haussait le ton à mesure qu'on montait vers Sétif, le point le plus élevé (1.074 mètres d'altitude) de la ligne d'Alger à Constantine, au sommet d'un plateau.

Sittifa, métropole de la Mauritanie Sittifienne, était, sous la domination romaine, une des villes les plus importantes de la province, en raison de sa situation au centre de la contrée. Son enceinte ne mesurait pas moins de 4 kilomètres de développement. Détruite à la suite de l'invasion des Arabes, les restes des anciennes fortifications subsistaient encore au moment de l'occupation française, ce qui permit d'y mettre à l'abri une petite garnison. C'est autour de ces ruines que vinrent se grouper les maisons qui constituent aujourd'hui la ville nouvelle.

Au point de vue stratégique, écrit M. Mac Curty, elle est, avec Aumale, la clef des grandes communications entre l'orient et l'occident du Tell algérien; elle est avec Bougie, Djidjelli et Constantine, l'un des nœuds du réseau qui entoure le massif de la Petite Kabylie; elle surveille enfin toutes les parties du Sahara situées entre les routes de Constantine à Biskra et de Boghar à Laghouat. Au point de vue économique, elle est le terrain neutre où viennent se débattre les intérêts de la montagne et de la plaine, le marché où arrivent les produits de l'une et de l'autre, l'entrepôt des fertiles contrées de la Medjana et du Hodna, et elle voit se dérouler autour d'elle une vaste région qui, par sa nature, est propre aux cultures les plus variées.

Située à 500 mètres de la gare, la cité offre

l'aspect d'une ville entièrement européenne avec ses rues droites et bordées d'arbres, ses maisons à un ou deux étages. De là partent des diligences pour Bougie et Bou-Saâda. Les touristes sont nombreux. Le dimanche, hors la porte d'Alger, le marché est très important : céréales, moutons, bétail, chevaux, mulets, grains, huiles et peaux. Il n'est pas rare de voir jusqu'à 10.000 Arabes réunis sur la place du marché, et la nuit, singulier contraste, sous le ciel bleu, Sétif apparaît comme inondée dans la blanche et scintillante auréole que met autour d'elle l'électricité. Burnous et électricité ! Est-ce assez fin de siècle !

Maintenant c'est la nuit, une de ces nuits merveilleuses, fraîches, presque froides, qui donnent à la terre assoifée le courage de supporter le soleil qui reprend son empire avec le jour. Et nous descendons vers Constantine, à moitié endormis.

En Algérie, les campagnes comptent double pour le militaire; pour le civil, les heures passées en chemin de fer ont la même valeur. Esperandious avait bien son chronomètre, mais il n'abattait pas les heures en 40 minutes, et ce fut avec un véritable soulagement qu'on entendit le cri libérateur : Constantine !

Constantine est, certainement, de notre conquête, la ville la plus curieuse à étudier et à voir.

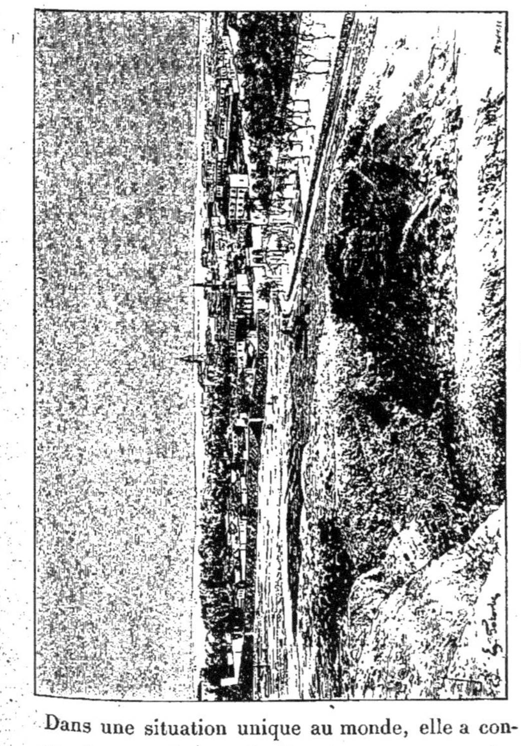

Sétif.

Dans une situation unique au monde, elle a conservé son cachet particulier, la nature ayant imposé certaines limites infranchissables aux atteintes de la main de l'homme. Le pittoresque n'a rien perdu à ce respect forcé de la civilisation. Mais, dans un pays comme l'Algérie où l'eau manque si souvent, soit pour irriguer, soit pour donner la force motrice, la position de Constantine frappe immédiatement.

Trois vallées convergent vers la ville, et, dans ces vallées, coulent des rivières qu'on peut, à bon droit, ranger parmi les plus favorisées des cours d'eau algériens, car, avec un débit d'été relativement considérable, elles présentent ainsi de nombreuses chutes facilement utilisables pour des usines hydrauliques. Ces vallées sont celles du Rhummel, du Bou-Merzoug et du Hamma.

Par son étendue, par la superficie de son bassin, le Rhummel est une des rivières importantes de l'Algérie. Il prend sa source sur les Hauts Plateaux de Sétif, à Bordj-Mamra. Pendant 120 kilomètres il coule de l'ouest à l'est, puis il contourne Constantine en l'enserrant dans une grande boucle, repart parallèlement à lui-même, mais en sens inverse, c'est-à-dire de l'est à l'ouest, et se coude ensuite à angle droit pour aboutir finalement à la mer, entre Collo et Djidjelli. Il roule annuellement vers cette mer quarante ou cinquante millions de mètres cubes, mais son débit s'abaisse beaucoup pendant la période estivale.

Constantine, vue prise de la gare.

Comme débit total, le Bou-Merzoug est très inférieur au Rhummel, mais, à l'étiage, il l'égale et souvent même le dépasse.

C'est un cours d'eau dont la naissance est entourée d'un certain mystère. A 40 kilomètres de Constantine, au pied des Hauts Plateaux de Batna, il émerge soudain d'une grotte et tombe dans un bassin naturel tellement régulier qu'on le dirait édifié par la main des hommes.

D'où viennent ces eaux qui surgissent tout à coup d'une caverne dont on ne connaît pas les ramifications souterraines? C'est difficile à bien savoir; il est permis cependant de croire qu'elles arrivent du versant nord des Aurès, en siphonant sous le seuil d'El-Guerra qui sépare le bassin du Bou-Merzoug du bassin fermé des chotts de Batna.

Le Hamma présente des caractères tout aussi particuliers. Sur la rive droite du Rhummel, à quelques kilomètres de la rivière, au milieu d'une plaine, dans un champ couvert de roseaux, on voit de toute part sourdre des eaux qui annoncent par leur température élevée qu'elles viennent de très loin. C'est la source principale qui donne 1.000 litres à la seconde et qui forme le Hamma par sa réunion avec plusieurs sources de moindre importance. Là, peu ou point de crues, mais un débit régulier, un débit invariable qui défie les ardeurs de l'été.

En arrivant à Constantine, le Rhummel s'engage dans une gorge, dans une faille de rochers très étroite, très profonde, à bords très escarpés. Cette gorge présente une série de chutes et de voûtes naturelles sous lesquelles la rivière disparaît par instants. Elle se termine par une gigantesque cascade, de 80 mètres de hauteur, où les eaux se précipitent en fureur.

Autrefois, dans les temps préhistoriques, le Rhummel passait de l'autre coté de la ville, ou, pour parler plus exactement, de l'autre côté de ce qui est aujourd'hui la ville, et il laissait à sa droite le massif entier du Sidi-M'cid. Ce massif s'abaissait vers la rivière et se terminait par une plate-forme sensiblement horizontale. Dans un tremblement de terre, dans une convulsion géologique, il s'est produit une cassure circulaire qui a séparé la plate-forme de la masse rocheuse. Cette plate-forme, violemment repoussée, s'est inclinée vers la pointe de Sidi-Rachel en même temps qu'une partie s'éboulait dans la rivière, et les eaux, arrêtées dans leur cours ordinaire, ont dû passer dans le lit nouveau que la nature venait d'ouvrir. Entre l'ancien et le nouveau lit, il s'est trouvé alors comme une île, limitée de tous côtés par de grands escarpements et reliée au continent par l'étroite et basse jetée constituée par l'éboulement. Aussi combien nos troupes ont-elles eu à souffrir dans l'assaut de Constantine, quand il leur a fallu s'engager sur cette langue de terre où elles ne pouvaient pas se développer, et gravir un escarpement naturel sous le feu plongeant de l'ennemi !

Depuis l'occupation, on a amélioré ce passage. On ne pouvait guère l'élargir, mais on l'a élevé par un remblai de 30 mètres de hauteur sur lequel on a établi deux squares séparés entre eux par une grande route qui se bifurque en plusieurs autres, dès qu'elle trouve devant elle le terrain nécessaire.

On a aussi créé un autre accès en construisant sur le ravin le grand pont (El-Kantara) qui a passé en son temps pour une œuvre des plus hardies et qui constitue encore aujourd'hui un ouvrage exceptionnel. D'une longueur totale d'environ 150 mètres, ce pont franchit, en effet, la rivière à 125 mètres au-dessus du lit, par une arche en fonte d'une soixantaine de mètres, élégamment raccordée avec les rives par de hautes arches en maçonnerie.

Sans être encore sur les Hauts Plateaux, Constantine est déjà à une altitude élevée. Le pont d'El-Kantara est dans les 600 mètres au-dessus du niveau de la mer, mais la plate-forme s'est fortement inclinée dans l'ancien cataclysme, de sorte que le point bas, à Sidi-Rachel, est de 60 où 70 mètres au-dessous du pont, tandis qu'il faut monter de

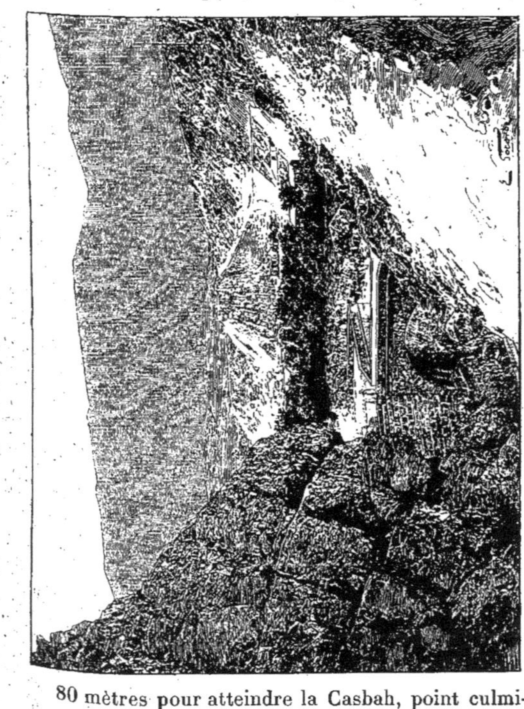

El-Kantara. Les gorges.

80 mètres pour atteindre la Casbah, point culminant de la ville.

De la pointe de Sidi-Rachel, on peut descendre par un petit sentier jusqu'au fond de la rivière, qu'on franchit sur un pont, à une vingtaine de mètres seulement au-dessus du Thalweg. Ce pont, nommé « Pont du Diable », est souvent noyé dans les grandes eaux qui s'élèvent très haut à cause de la faible longueur que présente la gorge. Fortement épaulée par les parois rocheuses, la petite arche en maçonnerie résiste vaillamment et son parapet, formé d'une main courante en fer, laisse passer les eaux sans grand dommage pour lui.

En aval du pont d'El-Kantara, le Rhummel descend rapidement dans ses chutes successives, de sorte que la Casbah se trouve perchée sur une falaise à pic de 230 à 240 mètres de hauteur. C'est de là que les Turcs précipitaient les femmes adultères.

Cette hauteur, déjà énorme, s'augmente brusquement de 80 mètres par la chute de la cascade, dont le pied est, dès lors, dominé de plus de 300 mètres par le sommet de la ville. Aussi, c'est vraiment un spectacle imposant que celui d'une grande crue pendant laquelle il peut être donné d'apercevoir une masse d'eau de deux à trois mille mètres cubes à la seconde tombant verticalement de cette hauteur vertigineuse !

D'après cette description sommaire des lieux,

on voit que Constantine domine complètement les plaines ou la rive gauche du Rhummel, mais elle est dominée à son tour, à courte distance, par les terrains de la rive droite qui se relèvent rapidement.

En face de la Casbah, et à son niveau, est le plateau de Sidi M'cid sur lequel est situé l'hôpital civil, ancienne école indigène conçue dans le style byzantin. Isolé complètement sur ce plateau élevé, au bord d'un ravin dont la cassure profonde se découpe vigoureusement sur l'horizon, il produit un grand effet quand le soleil couchant vient frapper ses dômes couverts par des tuiles aux couleurs éclatantes.

Le plateau de Sidi-M'cid se relève jusqu'au fort du même nom. Plus haut, est le plateau de Mansoura, avec les casernes de cavalerie; plus haut encore, le djebel Ouach et ses étangs. Du côté de la plaine, la chaîne des Mouillas ferme le cirque, à grande distance, de sorte que Constantine se trouve en somme sur une élévation placée dans le fond d'une cuvette.

Une partie de la chute est utilisée par les moulins Lavie, vastes usines où 150.000 quintaux de blé sont annuellement transformés en farine et en semoule, tant pour l'exportation que pour les besoins de la consommation locale. Au-dessous de ces moulins, l'État avait établi une poudrerie dans une situation charmante, au milieu de jardins. Il a fallu l'abandonner parce que les matières premières étaient trop difficiles à se procurer, et la chute, devenue disponible, va être utilisée pour divers usages.

Du seuil même de la cascade partent une série de canaux étagés qui fertilisent les deux rives : jusqu'au pont d'Aumale on ne voit que des jardins et des vergers.

En amont de Constantine, dans le Bou-Merzoug, 15 à 20 barrages échelonnés donnent la vie à de nombreux moulins, en même temps qu'ils assurent l'irrigation de 2.000 hectares de jardins, de vergers et de prairies. En aval, au Hamma, encore des jardins, des orangeries, des vignes, des moulins qui se succèdent les uns aux autres.

Il y a donc là certainement un ensemble et une situation qu'on ne retrouverait pas facilement en un autre point de l'Algérie.

Mais si la nature a beaucoup fait pour Constantine à certains points de vue, à d'autres points de vue elle a été moins clémente, et l'art a dû la vaincre. Quand il a fallu, en effet, donner de l'eau potable à la ville et tracer les routes qui devaient la desservir, les différences de niveau excessives, les mouvements désordonnés d'un sol bouleversé par de puissantes convulsions, ont opposé les plus graves obstacles au travail de l'homme.

Autrefois, il n'y avait point de routes et l'eau était très rare. Quand les citernes étaient vides, on descendait boire au Rhummel par des sentiers de chèvres où le pied d'un Européen oserait à peine se poser.

Les citernes, ressources ordinaires de l'art ancien, avaient pris à Constantine un grand développement pendant l'occupation romaine et l'on doit admirer celles qui règnent encore sous toute la Casbah. Un grand aqueduc, dont plusieurs arches peuvent se voir sur les bords du Rhummel, allait, en outre, chercher l'eau dans le Bou-Merzoug, mais pour pouvoir l'amener plus haut que le pied de la ville.

Après avoir aménagé la petite source de Sidi-Mabrouk, les Français ont construit des étangs au djebel Ouach (la montagne des Antilopes), à 7 kilomètres de Constantine et à 900 mètres d'altitude. Remplis en hiver par les eaux détournées de l'oued Bil-Braguetz (rivière des Chiens), ces étangs procurent en été, à la ville, une eau excellente. Superposés les uns aux autres sur un flanc rapide, ils sont entourés par de grandes pépinières et de vastes plantations où l'on rencontre, avec surprise, les chênes zènes et les eucalyptus mélangés à toutes les variétés des pins et des epiceas.

Le djebel Ouach est une charmante promenade, mais l'eau qu'il peut fournir étant loin de pouvoir suffire, il a fallu chercher une solution plus radicale. On s'est alors décidé à prendre l'eau à Fesguia, à 60 kilomètres de Constantine. Cette grande conduite débouche à Bellevue, point culminant des faubourgs de la ville, puis, par un immense siphon, elle descend dans le Rhummel qu'elle franchit auprès des arcades romaines pour remonter ensuite à la Casbah, à 150 mètres plus haut.

Au point de vue des routes Constantine est aussi bien desservie qu'au point de vue des eaux. Des routes, on en voit de tous les côtés et à toutes les hauteurs. Celle de Philippeville s'élève de 300 mètres, depuis le pont d'Aumale, en grimpant comme un serpent au flanc de l'escarpement; celle de Mila, après avoir traversé les ombrages de Salah-Bey, résidence d'été des anciens suzerains de Constantine, s'engage dans l'oued Melah (ruisseau salé) et gagne la ville par des pentes plus douces. La route de Sétif, taillée dans les poudingues presque à pic de la rive gauche, domine de cent mètres le fond de la vallée; plus bas est l'ancienne route de Batna qui descend au Bou-Merzoug; plus bas encore celle du Bardo.

Sur l'autre rive, la nouvelle route de Batna se

Chemin de fer, la route, le pont romain et l'oued El-Kantara.

développe au niveau du grand pont. Un chemin longe le ravin et descend rapidement vers la rivière; d'autres chemins vont à l'hôpital, au Mansoura, au djebel Ouach, aux Cascades et aux bains de Sidi-M'cid où la population va souvent se plonger dans les piscines d'eau chaude que les Romains avaient déjà aménagées.

Tous ces chemins comportent de nombreux ouvrages d'art et, en particulier, toute une série de grands ponts jetés sur le Rhummel et le Bou-Merzoug. Ils sont reliés entre eux par des sentiers rapides, favorables aux piétons, et au milieu de ce dédale, les voies ferrées de Philippeville et d'Alger déroulent fièrement leurs rubans d'acier qui méprisent tous les obstacles.

Bordées de cactus et d'aloès, couvertes de voitures de toutes espèces, de chameaux pesamment chargés, de bourriquots qui trottinent sous les gamins qui les piquent, toutes ces routes circulent à travers les jardins, les orangeries, les plantations de pins, et le promeneur, où qu'il soit, les voit avec étonnement apparaître et disparaître incessamment, pour reparaître encore, soit sur sa tête, soit à ses pieds. Cet ensemble si pittoresque se complète par deux chemins qui méritent une mention spéciale mais dont on n'a pas parlé encore parce qu'ils se dérobent généralement aux regards dans les profondeurs du ravin.

Le chemin des Touristes est une œuvre indivi-
duelle, due à l'intelligente initiative d'un entrepreneur, M. Remès, qui l'a exécuté de ses propres
deniers. Ce n'est point une route carrossable, c'est
une simple promenade pour les piétons, mais quelle
promenade !

Tout près du pont du Diable, le chemin s'en-
gouffre dans le ravin dont il cherche le fond pour
en découvrir mieux les mystères, mais sans oser
cependant s'aventurer trop bas, car sans cela la
rivière en ses colères lui ferait payer cher une
audace déjà bien grande. Tantôt il est taillé dans
le rocher, tantôt il se glisse sous des encorbellements naturels, tantôt il s'accroche à la paroi par
des crampons de fer qui suspendent au-dessus du
vide un tablier léger. Il monte, il descend, au gré
d'un terrain qui puise dans son horreur même
une sauvage beauté ; il passe sous le pont d'El-Kantara qui le domine de ses grands arcs, il traverse
les voûtes naturelles et vient enfin rejoindre la
Corniche, non loin de la grande Cascade dont il
voit tomber les eaux.

Placé entre la rivière qui mugit dans ses chutes
successives et deux rochers à pic paraissant
d'autant plus hauts qu'ils sont plus rapprochés
l'un de l'autre, le promeneur qui s'aventure pour
la première fois en ces lieux presque sinistres ne

peut se défendre d'une certaine émotion, et cette émotion devient presque de l'angoisse quand les voûtes naturelles lui ravissent subitement le soleil et la lumière. Même dans les célèbres gorges du Fier, on ne trouve rien d'aussi beau. Un peintre de talent, M. André Brouillet, amoureux de la réalité, s'est plongé dans ces voûtes, des journées entières, se faisant apporter sa nourriture par des Arabes qui le croyaient fou. Mais il ne voulait pas couper ses impressions et il restait là, jusqu'à la nuit. Après avoir, par le pinceau, traduit ses impressions, il les a décrites lui-même :

C'est l'entrée dans le vide, dans l'inconnu.

Un air froid monte des profondeurs devenues silencieuses.

Brusquement, en entrant dans l'immense souterrain, le torrent a cessé de gronder; il s'étale maintenant sous nos pieds en larges nappes immobiles d'un ton glauque.

C'est l'immensité recueillie d'une nuit claire. La lumière diffuse, qui vient on ne sait d'où, enveloppe sans préciser la forme des choses.

Peu à peu, l'œil se familiarise avec la nuit; ce ne sont que reflets multiples. Les voûtes, comme taillées à facettes et du haut desquelles pendent de grandes stalactites pleureuses, ont des aspects de bronze et d'acier damasquiné avec des lueurs de nielles florentines ou de patines japonaises.

En avançant dans le souterrain, l'immense caverne s'élargit et se précise : nous sommes dans une cathédrale de géants.

La voûte, déchirée en deux endroits, laisse apercevoir deux taches de ciel bleu. Le soleil en profite pour visiter

Le chemin des Touristes.

l'abîme et transformer en pluie de diamants les gouttes d'eau qui tombent des voûtes.

Et voilà que le torrent, calme jusque-là, rencontrant

maintenant des rochers tombés de la montagne par ses ouvertures béantes, reprend ses grondements formidables et bondit, rageur, sur les rochers, dans des envolées d'écume.

Il projette ses moires d'or sur les voûtes en réverbérant la lumière qui vient d'en haut, et c'est, dans l'immense coupole de pierre, une danse fantastique de cercles lumineux qui s'élargissent et se rétrécissent sans fin. Les eaux qui s'infiltrent au travers des voûtes ont formé des milliers de stalactites affectant les formes les plus imprévues, énormes grappes de fleurs et de fruits ou monstres apocalyptiques, ébauches menaçantes de géants commencées par une goutte d'eau, il y a cent mille ans.

Et dans un angle obscur, zébré de moires de lumières dansantes, les stalactites ont formé par couches successives une sorte de dôme de pierre d'une architecture parfaite. En contre-bas, une série de vasques pleines d'eau, étagées en gradins affectant des formes de bénitiers, monte vers une sorte de trône ou d'autel. L'idole ou la divinité seule, est absente (1).

Le chemin de la Corniche a été exécuté par les ingénieurs, aux frais de la commune qui s'est proposé un double but : créer d'abord une promenade merveilleuse, améliorer ensuite l'accès de Constantine. La nouvelle route, en effet, tout en raccourcissant le trajet de plusieurs kilomètres, remplace par des pentes douces, les déclivités excessives de la montée du pont d'Aumale.

C'est une grande route accessible à tous les

____

(1) *Le Monde Moderne,* mars 1898.

roulages. Elle part du pont d'El-Kantara et s'engage immédiatement dans la falaise verticale qui aboutit aux Cascades. Elle passe en dessous de l'hôpital, à 120 mètres plus haut que la rivière, et se développe en face de la rue Thiers, dont les trois lacets s'élèvent jusqu'à la Casbah. Les tunnels, les encorbellements, les grands murs dont les pieds sont dans l'abîme, se succèdent les uns aux autres. Pour épouser cette abrupte paroi qui le repousse .et se défend contre lui, mais qu'il violente, le chemin se tord, et dans ses rapides détours, il présente la gorge, le pont d'El-Kantara, les voûtes naturelles, la grande Cascade sous des aspects variés qui changent incessamment.

Pour ajouter à ces effets, toutes les fois que la route rencontre une pointe rocheuse, en saillie sur le vide, elle l'englobe et s'y installe en un petit bastion extérieur d'où le regard ne rencontre aucun obstacle. Les tunnels eux-mêmes vont être percés latéralement et, par ces couloirs souterrains, on débouchera sur des plates-formes dominant le ravin, à la fois reposoirs et belvédères aériens.

Après la cascade, le chemin contourne le plateau du M'Cid; il voit en passant les piscines d'eau chaude, cherche au-dessous du chemin de fer un passage que la nature semble interdire et, libre enfin de ses mouvements, se dirige vers le Hamma où il regagne la grande route de Philippeville.

Le boulevard extérieur domine de 300 mètres le pont d'Aumale et la vallée du Bas-Rhummel, avec Salah-Bey, sur la hauteur à gauche, et les jardins de Salluste à droite; le Hamma, le Bou-Merzoug, le camp des Oliviers et les arcades romaines, le djebel Ouach et ses étangs, les deux chemins du Ravin, le Mansoura d'où on aperçoit à ses pieds la ville entière ou bien le Bardo d'où on la voit au contraire planer au-dessus de sa tête, nous montrent la nature, tantôt dans la sombre horreur dont elle se plaît parfois à s'entourer comme pour manifester sa puissance, tantôt souriante et douce, avec la végétation luxuriante des pays fortunés qui possèdent à la fois et le soleil et l'eau.

Et puis toutes ces routes qui montent, descendent, grimpent les unes au-dessus des autres, sur des versants si inclinés qu'on se demande comment elles peuvent tenir, ces chemins qui, pour passer, ont dû ravir à l'oiseau ses secrets, tous ces ponts gigantesques qui défient victorieusement des rivières impétueuses aux crues violentes et soudaines, tous ces canaux, tous ces moulins, ces grandes conduites, ces énormes siphons qui vont chercher les eaux refusées par la nature, toutes ces manifestations d'un art pour ainsi dire raffiné, tout cela produit un saisissant effet!

Certes, il n'en manque pas ailleurs, de routes, de ponts, de canaux, mais rarement on en rencontre autant groupés dans un si petit espace, rarement ces travaux ont un semblable cadre, car pour les éclairer, ils n'ont pas le soleil africain!

En outre, dans les pays déjà vieux, l'habitude fait côtoyer, sans y prendre garde, les conquêtes de l'homme sur une nature domptée depuis longtemps. Mais à la porte du Désert, le sentiment est tout autre : c'est l'avant-garde de la civilisation qui s'avance hardiment, c'est l'homme qui s'attaque à une nature encore rebelle, c'est l'homme qui, par sa volonté et par son art, l'asservit à ses besoins ou à ses plaisirs, alors que cette nature lui oppose tous les obstacles que la combinaison des événements peut mettre en son pouvoir.

Aux avantages que sa situation exceptionnelle procurait à Constantine, naguère encore il s'en joignait un autre. Pour les céréales, c'était le grand marché de la province; l'argent y affluait. C'était une cité florissante qui avait le droit de regarder avec confiance un avenir en apparence assuré. Les circonstances ont bien changé. L'Inde et l'Amérique font une terrible concurrence aux céréales de l'Algérie et les chemins de fer ont déplacé les courants commerciaux. Une partie du trafic s'est détournée vers Bougie et, dans le bassin que dessert encore Philippeville, les orges et les blés vont directement du lieu de production au port d'embarquement. La ville est donc arrêtée dans son essor. Malgré cela, elle a besoin de s'étendre. Son étroite plate-forme est couverte de hautes maisons, serrées les unes aux autres, sans jardins, presque sans cours, avec des rues étroites à pentes raides où l'air et la lumière ont peine à pénétrer. Entassés dans ces maisons sans confortable, les habitants n'ont fait aucun effort pour en sortir. On a poussé, cependant, des faubourgs dans plusieurs directions, mais ce sont d'étroites bandes que le terrain ne permet pas de développer, et on a dû chercher ailleurs.

En face de la ville proprement dite, derrière les squares, se trouve le Coudiat Aty, mamelon formé par des poudingues compactes qui couvrent six ou sept hectares. Coupé à pic, du côté de la ville, il s'élève à des hauteurs de 35 à 40 mètres et redescend ensuite vers la pyramide Damrémont qu'il rattrape à niveau. Une société s'est chargée d'y installer un quartier. Tout d'abord, elle songeait à enlever complètement la montagne. Maintenant, elle paraît vouloir la décaper, seulement, et installer à sa partie supérieure une plate-forme horizontale à laquelle on accéderait de deux côtés : à niveau, par la colonne Damrémont ; par des rampes croisées, par des escaliers et des ascenseurs du côté de la ville. Ce nouveau quartier, largement percé par des rues à arcades, serait entouré d'un grand boulevard, de près d'un kilomètre, d'où on pourrait plonger à la fois dans la vallée du Rhummel et dans celle du Bou-Merzoug. Quelle remarquable promenade cela constituerait! Et quel coup d'œil superbe!

D'un autre côté aussi, la ville pourrait s'étendre. Il suffirait pour cela de jeter un pont sur le ravin, entre l'Hôpital et la Casbah; on accéderait ainsi au Sidi-M'cid, vaste plateau couvert de plantations, qui s'allonge au loin par des pentes presque insensibles. La place ne manquerait pas et l'on pourrait construire des maisons avec des jardins spacieux et de vastes dégagements. Gros travail, que ce pont dont la travée centrale n'aurait guère moins de 200 mètres; mais aujourd'hui, de semblables ouvrages ne sauraient effrayer, d'autant que les progrès de la métallurgie en ont singulièrement abaissé le prix. L'effet produit serait grandiose, car on passerait le ravin à 250 mètres au-dessus à la cascade sur laquelle on établirait un autre pont qu'on franchirait aisément par un arc-en-ciel de 120 à 130 mètres d'ouverture. Raccordé avec celui de Sidi-M'cid, qu'on prolongerait jusqu'à la route de la Corniche, ce nouveau pont compléterait dignement un incomparable circuit. L'art et la nature se donneraient la main et, du pont de la Casbah, le voyageur surpris, ravi, apercevrait d'un côté la plaine jusqu'aux Mouillas, de l'autre l'Hôpital et le ravin avec ses routes et ses cascades, verrait fuir la rue Thiers et le chemin des Touristes, dominerait le pont d'El-Kantara et la route de la Corniche et, à ses pieds, au fond d'un abîme de 200 mètres, il aurait le pont d'acier et, plus bas encore, la grande Cascade et sa chute exceptionnelle!

Cette idée — et non pas ce rêve — se réalisera-t-elle jamais? L'ingénieur Pelletreau, que la grandeur du projet avait séduit, verra-t-il jamais ce pont ajouter encore à la prospérité et à l'esthétique incomparable de Constantine et reléguer au second plan les fameux ponts de Fribourg? Chi lo sa?

En sortant de la gare, traverser une première fois le ravin sur le pont d'El-Kantara; prendre la rue Nationale jusqu'à la brèche; gagner, de là, la pointe de Sidi-Rachel et franchir une seconde fois le Rhummel sur le pont du Diable; suivre le chemin des Touristes et passer avec lui sous les voûtes naturelles et le pont d'El-Kantara pour rejoindre la Corniche; descendre cette route jusqu'au chemin du Sidi-M'cid dont on verrait les

. Le ravin d'El-Kantara; Constantine.

jardins; traverser la Cascade sur le pont d'acier et revenir à Constantine par les moulins Lavie et la poudrerie; contourner le pied du Coudiat; y pénétrer à niveau par la colonne Damrémont; faire le tour du grand boulevard et en redescendre par les rampes d'accès; gagner ensuite la Casbah et de là l'hôpital en passant par le pont supérieur; prendre par le plateau du Mansoura et Sidi-Mabrouk pour rejoindre la vallée du Bou-Merzoug; franchir cette rivière et revenir dans la vallée du Rhummel en visitant en passant les arcades romaines, traverser une dernière fois le Rhummel auprès du grand siphon et revenir enfin à Constantine par la route de Sétif, — voilà un trajet sinueux que quelques heures à peine suffiraient à parcourir et on verrait tous les environs; on traverserait cinq fois le Rhummel à des hauteurs prodigieusement différentes; tous les aspects, tous les points de vue si nombreux et si variés que peut offrir une ville placée comme Constantine se dérouleraient successivement sous les yeux du promeneur et le ravin lui livrerait ses secrets!

Le département de la guerre va céder à la ville l'ancienne poudrerie, et la chute de 50 mètres devenue disponible permettra de réaliser de nombreuses améliorations. On pourra, d'abord, élever jusqu'à la ville un volume d'eau considérable pris dans le Rhummel, pour nettoyer les rues et places, pour faire des chasses dans les égouts; on pourra également utiliser les eaux d'une source abondante qui émerge dans le ravin, sur la rive même où se trouve Constantine. Les débits réunis de cette source et de la conduite de Fesguia, exclusivement employés pour les usages domestiques, constitueraient alors un approvisionnement en eau potable que bien peu de villes pourraient se flatter de posséder. Dans une insurrection, les Arabes réussiraient peut-être à couper la grande conduite et même celle du djebel Ouach, mais la source du ravin serait acquise avec certitude aux défenseurs de la place et leur suffirait à soutenir indéfiniment un siège sans souffrir de la soif.

La force motrice servirait pendant la nuit à l'éclairage de la ville et, à ce propos, une solution originale se présente à l'esprit. Au-dessus de la gare, au Coudiat, à la Casbah, au Sidi-M'cid, on établirait des phares électriques puissants qui suffiraient, presque à eux seuls, pour éclairer Constantine. Trois de ces phares convergeraient leurs rayons sur le ravin, sur les cascades, sur le chemin de la Corniche. Combien plus grand, plus imposant serait alors le spectacle qu'on pourrait se procurer en parcourant pendant la nuit ces lieux déjà si beaux à la lumière du jour!

Sans doute, il faut de l'argent pour exécuter ces projets; peut-être n'en faudrait-il pas autant qu'on le supposerait, a priori, et rien ne prouve que Constantine ne serait pas à même d'en supporter l'exécution. Et la Cirta moderne n'aurait rien à envier à la Cirta ancienne! N'est-il pas possible, du reste, de chercher à regagner par ailleurs ce qu'on a perdu au point de vue commercial? Que les habitants comprennent mieux les bienfaits de l'irrigation; qu'ils se forment en syndicat pour utiliser, avec l'aide de l'État, les eaux encore disponibles du Hamma pour construire un grand réservoir que la nature a complaisamment préparé dans la gorge d'Hammam Grous; qu'ils emploient plus judicieusement les ressources en eau en les appliquant à des cultures intensives appropriées au climat; alors, dans une vaste région dont Constantine sera le centre et l'entrepôt, on verra l'agriculture se développer puissamment et fournir à l'industrie les notions premières qui lui ont fait défaut jusqu'à présent.

Constantine a reçu de la nature des dons précieux. Elle a le soleil et l'eau; elle a les forces motrices, éléments précieux que l'homme n'a plus qu'à coordonner; elle est dans une situation tellement merveilleuse que rien ne saurait excuser un moment d'arrêt dans le développement d'une ville

qui devrait être le rendez-vous de tous les Français,
qui ne trouveront jamais nulle part un site aussi
étrangement beau. Mais la mode pousse-t-elle
vers le Rhummel?

La place de la Brèche est la plus animée de
Constantine. Dès le matin, toute une population
grouille dans ce quartier. Commissionnaires, mar-
chands ou simples flâneurs, les Arabes circulent
sur la place ou sont assis, par groupes, sur les
bords des trottoirs ou sur les marches du théâtre,
dans leur pose familière, les genoux repliés à hauteur du menton. A cette circulation encombrée
d'indigènes aux costumes bariolés, aux burnous
en guenille, se mêlent les Européens et le mouvement des prolonges du train des équipages allant
aux provisions et les troupes, turcos, zouaves,
fantassins, chasseurs, spahis et artilleurs allant
à l'exercice ou rentrant à la caserne, et cette va-
riété de couleurs chatoyant au soleil, donne une
étrange gaîté à ce fourmillement qui s'accroît
encore, le soir, au moment du départ des diligences, attelées de 5 ou 6 chevaux, faisant le service
des localités environnantes, diligences dans lesquelles s'empilent paquets et indigènes. Et quelles
diligences! Et quels chevaux!

Cette place est un véritable bazar. Partout,
dans chaque coin, on y vend quelque chose, fer-

railles, légumes, porte-monnaies, flûtes, tapis, cacaouet, babouches, etc... A côté, près de la station des voitures, sur le terre-plein qui domine la vallée du Hamma, se tient le marché des lé-

Quelles diligences! et quels chevaux!

gumes où dominent les figues de Barbarie et les piments, et ce tout, rouge et vert, bien agencé, ressemble à un immense tapis étendu sur le sol.

La route qui conduit de la place à la halle aux blés et au Coudiat Aty traverse deux squares, témoins, selon la légende, d'une histoire qui mérite d'être contée.

Le colonel des zouaves donnait une fête pour laquelle il souhaitait le plus grand éclat possible. Illuminés, les squares offriraient un beau coup d'œil. Mais les statues manquaient! Comment faire? Villajoux, sergent débrouillard qui, à ses moments perdus, pétrissait la glaise, offrit de meubler les squares et d'y installer une douzaine de statues. Un colonel pouvait-il douter de l'ingéniosité des zouaves? Il accepta et promit dix louis de récompense. Le délai était court. Qu'importait? Villajoux et Guivarche furent dispensés de tout service. On ne les revit plus. Ils faisaient la noce. Le grand jour arrivé, le colonel manda le sergent sculpteur.

— C'est ce soir, tu sais, qu'il me faut les douze statues, sinon, gare la prison.

— Elles y seront, mon colonel!

Enchanté, le colonel remit la récompense promise.

Le soir, les douze statues étaient en place. Les privilégiés appelés à les voir les premiers, déclarèrent que jamais statues n'avaient eu des poses plus naturelles. Et quand le colonel arriva avec ses invités, on s'extasia.

— Mais c'est la nature même! disait-on enthousiasmé.

C'était en effet la nature, et les dames durent se sauver, riant et criant : « Les dieux s'en vont! »

Les douze zouaves que Villajoux avait recouverts de plâtre avaient pris la fuite.

Quand on visite le véritable quartier arabe avec ses maisons sans jour, avec ses ruelles où ne pénètre jamais le soleil, on se demande comment une population peut vivre dans de semblables réduits. C'est sale, ça pue. Le choléra ou le feu ont là des éléments de choix. Mais Dieu est grand, Mahomet est son prophète, et si ce n'est pas écrit, le choléra et le feu n'éclateront pas! Heureusement, il y a bon air à Constantine.

J'ai visité le ravin et j'ai rapporté de cette promenade une impression qui ne s'effacera jamais. C'est par le pont du Diable que je suis entré. Là, j'ai rencontré des Arabes fin-de-siècle apostés pour détrousser les touristes en les faisant jouer au bonneteau! Une fois engagé dans le chemin des Touristes, le spectacle grandit en horreur et en beauté. Tout de suite, on a conscience de sa faiblesse en face de cette nature dont un seul atome venant à se détacher du roc vous écraserait. Et cet enfer tourmenté, bouleversé, où passa le Dante est peuplé de milliers et de milliers d'oiseaux qui vous crient de ne pas troubler plus longtemps leur demeure. Et quel concert! Les corbeaux croassent,

les pigeons roucoulent, les charognards, les émou-
chets poussent des cris aigus; à vos pieds, le
Rhummel coule au travers de rochers en désordre,
sans trop gronder, car l'été l'a fort éprouvé; là-
haut, des vautours, des aigles passent et repassent
sur le précipice, les égouts de la ville tombent en
pluie sale que dore, diamante et colore le soleil;
une chèvre, comme suspendue en l'air, broute
l'herbe absente... On se tâte vraiment pour s'assurer qu'on est bien de ce monde, vivant; on est
tiraillé par le désir d'échapper à l'angoisse qui
vous étreint, de remonter sur la terre, de revoir
le soleil, et on reste là, hypnotisé, privé de jambes
et de volonté. Le pont d'El-Kantara apparaît
comme une passerelle à troupeaux reliant deux
montagnes avec, au-dessous, les deux arches dont
les ouvertures ressemblent à deux grands yeux de
femme arabe voilée. Et quand j'arrive à la voûte
naturelle, un bruit sourd s'empare du ravin; il
augmente, devient plus éclatant; le tonnerre
gronde, l'éclair sillonne l'antre, l'eau tombe à
torrent. C'est une chance inespérée. Combien
paieraient cher le spectacle que m'offre le hasard!
Et pendant plus d'une heure je suis là, profondément émotionné; l'orage bat son plein, le tonnerre
fait rage, emplit le ravin, le Rhummel roule
bruyamment ses eaux devenues jaunes, il écume,

se brise ainsi que les lames d'une mer en fureur,
les éclairs zigzaguent les rochers de lignes de feu,
et il semble que la Casbah va s'écrouler dans le
gouffre par la fente lumineuse que vient de pratiquer la foudre.

Il n'en est rien, heureusement, et tout va rentrer
dans le calme. Mais je songe, malgré moi, à la
prise sanglante de Constantine, en ce même mois
d'octobre de l'année 1837, quand, dans ce même
ravin, s'entassaient les Arabes, combattants, vieil-
lards, femmes, enfants, fuyant devant la conquête,
tombant pêle-mêle, lorsque cassaient les cordes
trop faibles pour soutenir ces grappes humaines —
et je m'évade, tout étourdi encore.

Je ne suis plus chez Pluton. Un vieil Arabe en
haillons, hôte habituel de ces lieux, m'offre du café
et baragouine quelques paroles où le mot « peur »
domine. Puis il me montre son méchant gourbi
démoli par le torrent. Je lui donne une pièce blanche
et il s'abat à mes pieds, comme si j'étais son
« grand chef ».

J'avais été témoin d'un inoubliable spectacle et
je regagnai la ville par le chemin de la Corniche
d'où le coup d'œil n'était déjà plus le même. Les
coteaux si secs, si jaunes, paraissaient moins dé-
solés ; la vallée, les arbres et les arbustes paraissaient plus verts, et la montagne, du côté du Cou-

diat, semblait moins aride avec une teinte de gazon instantanément poussé. L'eau produit de ces phé-nomènes et il venait de pleuvoir, ce qui n'était pas arrivé depuis plus de six mois (1)!

(1) Qu'il nous soit permis d'exprimer ici tous nos remerciements à la Compagnie de l'*Est-Algérien* pour l'amabilité avec laquelle elle a mis à notre disposition notes et photographies, qui nous ont permis de documenter certaines parties de ce livre.

DE CONSTANTINE A BISKRA. — BISKRA.

Le chemin de fer Constantine-Biskra a son point de départ à El-Guerra; jusque-là, la voie est commune à cette ligne et à celle de Constantine-Alger.

El-Guerra a véritablement besoin de cela pour attirer l'attention. Son buffet, toutefois, n'est pas trop mauvais. Mais quel soleil! Et la montagne qui s'élève là-bas, le djebel Portass, remarquable par l'absence complète de végétation, ce qui lui a valu le nom de *Portass* qui veut dire chauve, n'est pas pour donner la moindre illusion de fraîcheur. Par exemple, que de poules dans les champs! C'est ce qui explique les visites fréquentes et audacieuses des renards qu'on tue souvent jusque dans la cour des maisons. Mais à Aïn-M'lila, la vallée est plus fertile : il y a des marais, comme pour préparer l'arrivée aux lacs. Celui de droite, le lac Tinsilt, en face de la gare, a douze mille mètres de circuit; le second, le lac M'zouri,

Le Madracen ou tombeau du Sphinx.

à gauche, est quatre fois plus grand. On ne l'a-
perçoit pas de la voie ferrée, caché qu'il est par

un mamelon situé derrière la gare. Ces lacs salés sont exploités fort simplement par les indigènes qui se contentent de ramasser le sel sur les bords, lorsque baisse le niveau.

Pendant la saison des pluies, les eaux des deux lacs se confondent sous un viaduc et sous le pont de la route nationale. En hiver, sur ces immenses nappes d'eau, il y a une énorme quantité d'oiseaux de toute espèce : canards sauvages, sauvagines, cigognes et flamants qui jettent des taches d'un rose si pur dans le vert des roseaux.

Le paysage s'accentue. On monte. Et voici la description, d'après le colonel Foy qui l'a étudié un des premiers, du *Madracen* ou tombeau du Sphinx qui dresse sa masse énorme, grise, à quatre kilomètres de la station d'Aïn-Yagout.

Le *Madracen*, par la grandeur de ses proportions, le caractère de son architecture et le mystère de son origine et de sa destination, mérite à un haut degré l'attention des archéologues.

Sa forme générale est celle d'un gros cylindre très court, servant de base à un tronc de cône obtus, ou plutôt à une série de 24 cylindres qui décroissent successivement et donnent sur le cylindre de base une suite de vingt-quatre gradins circulaires de 58 centimètres de hauteur et 97 de largeur à peu près. La plate-forme supérieure a 11 mètres 40 de diamètre ; son affaissement au centre forme un entonnoir de 1 mètre 30 environ ; le gradin inférieur a 176 mètres de pourtour, soit 58 mètres 66 de diamètre. Il est évidé inférieurement en quart de cercle et forme ainsi une corniche très simple, de 90 centimètres de haut à 80 centimètres en saillie. Cette corniche est supportée par 60 colonnes engagées, espacées de 2 mètres 90 d'axe en axe et ayant 45 centimètres de diamètre, 2 mètres 27 de hauteur de fût et 2 mètres 70 avec le chapiteau. Ces colonnes reposent sur un double soubassement peu apparent aujourd'hui que les terres se sont amoncelées à son pied. On devait mesurer autrefois 5 mètres de la corniche et 18 mètres 35 de la plate-forme au niveau du sol qui s'est relevé de 5 mètres à peu près.

A l'ouest du monument, on reconnaît les traces à demi effacées d'une sorte d'avant-corps rectangulaire de 24 mètres de largeur et de 15 mètres de saillie, dont la construction, bien que se rattachant certainement à celle du monument principal, s'en distingue par le style, la solidité et le volume des matériaux.

L'origine et la destination de ce monument? On n'est pas très fixé. Le docteur E. Leclerc a écrit :

La famille de Massinissa régna pendant deux siècles sur le pays dont le Madracen occupe à peu près le centre; ce fut elle incontestablement qui le fit édifier. Toute autre hypothèse est interdite pour l'historien. Mais quelle fut l'époque de cette édification? Nous en voyons deux entre lesquelles on peut hésiter : les dernières années de Massinissa et le règne de Micipsa. Nous admettrions de préférence cette dernière.

Il est inutile d'essayer de fixer l'histoire. Tel est du moins l'avis d'Esperandious qui affirme que ce serait perdre son temps sans grand profit

pour qui que ce soit. Son opinion est d'une simplicité extraordinaire : On voit très bien le Madracen, sans autre peine que celle de se mettre à
la portière du wagon; c'est un beau et gros travail; il n'est pas d'hier : cela suffit, le reste importe peu; ce gros rocher « travaillé » sera d'autant plus heureux qu'on s'occupera moins de lui
pour trouver sa véritable origine, attendu que la
recherche de la paternité est interdite!

Du reste, l'attention des archéologues est suffisamment sollicitée dans ces parages, car nous
sommes en plein pays romain avec Batna comme
capitale. Et si la ville n'offre pas par elle-même
beaucoup de distractions, elle est au centre d'une
contrée extrêmement riche en souvenirs histori-
ques. Les ruines romaines abondent dans les
environs.

Tout d'abord, à 11 kil. au sud, c'est Lambéssa
ou Lambèse, localité bien connue par ses ruines
et aussi, surtout, par le pénitencier dans lequel
furent incarcérés les hommes politiques arrêtés
au moment du coup d'État de 1852; puis, un
peu plus loin, à 32 kil. à l'est, c'est Thimgad,
ignorée des profanes, il y a quelques années seulement, et maintenant visitée par les nombreux
touristes allant voir El-Kantara et Biskra. Il y a
des merveilles à Thimgad, et les connaisseurs

affirment que Pompéi et Rome même n'offrent rien

Thimgad.

de plus beau. Les ruines comprennent un théâtre,

des arcs de triomphe, des basiliques, un capitole, un grand et un petit forum, un fort byzantin... et chaque jour amène de nouvelles découvertes. A quelques kilomètres de là se trouve, dans une gorge étroite, le Foum-Ksantina dont les hauteurs sont couvertes de tombeaux circulaires taillés dans le roc. On en compte plus de 300 : au milieu, s'élèvent de petites tours et des restes d'édifices considérables.

Batna est entouré de nombreux cours d'eau qui poussent la modestie jusqu'à disparaître dès les premières chaleurs. L'un d'eux, à sec, a son histoire. Pendant la conquête, un régiment arrive et se prépare à le franchir. Les eaux sont basses et des femmes arabes se proposent de le traverser. Toujours galants, nos soldats ne dérangent pas les moukères et leur disent le plus poliment possible :

— *Passez, Mesdames!*

Le mot fit fortune et longtemps le régiment *Passez mesdames* fut célèbre dans la colonie. Aujourd'hui on parle encore de la rivière dont le gué fut témoin de la galanterie militaire. — Batna était aussi un point stratégique important destiné à défendre la route du Sahara au Tell et l'on voit, disséminés sur les hauteurs, des postes de signaux avantageusement remplacés par le

La caravane.

télégraphe. C'est presque le point le plus élevé de la ligne (1.025 mètres), puisque c'est à la station suivante, à El-Biar (1.069 mètres), qu'on commence à descendre. Cependant la plaine, aride jusque-là, se mamelonne, des sapins et des genévriers jettent un peu de vert sur le sol desséché, et les montagnes, qui se rapprochent, sont moins nues. Les caravanes aperçues au loin dans la plaine, se multiplient. Enfin, on va voir des chameaux, ce qui ne nous était pas arrivé depuis notre séjour en Algérie. La légende se réalise.

C'est bien curieux ces caravanes qui ont émigré au printemps vers les montagnes où pousse l'herbe et qui, lorsque tout est dévasté, desséché, disparu, remontent vers le sud : les nomades rejoignent leurs quartiers d'hiver ! Et leur file s'allonge, s'allonge : c'est un étrange déménagement dans lequel tout est confondu : animaux, hommes, femmes, enfants. L'aspect est sordide, bien que des couleurs vives et bariolées mettent une note plus gaie dans ce grouillement qui marche. Seul, le seigneur et maître, monté sur un cheval harnaché selon sa fortune, parade : tout obéit, bêtes et gens, et l'on voit rouler, ainsi qu'un bateau ballotté par les vagues, le « bassour », sorte de palanquin dans lequel voyagent les femmes, qui a la forme d'un vaste éventail ouvert formé d'une carcasse en bois recouverte de haïks de laine rouge et blanche. Cette carcasse est assise sur de grands tapis, très épais, pliés en plusieurs doubles, retombant des deux côtés du chameau et formant une plate-forme qui sert de siège aux femmes enfermées dans le bassour qui est plus ou moins

Le bassour.

luxueux. Le harem suit, porté par le vaisseau du désert!

La voie du chemin de fer, la route nationale, s'enchevêtrent, se confondent suivant la même direction. Puis, à la station des Tamarins, la route disparaît dans le Col-des-Juifs, redescend sur le versant opposé où on la retrouvera après un trajet de 9 kilomètres; le chemin de fer s'éloigne de l'oued Ksour, décrit un grand lacet de 10 kilomètres, contourne à flanc de coteau l'extrémité de la montagne et passe de la vallée de l'oued Ksour dans celle de l'oued Guebli; la rivière, plus ou moins large, plus ou moins encaissée, étale ses galets en forme de pain de munition qu'un filet d'eau, depuis de longs mois, n'a pas humectés. Mais le chemin de fer marche, franchit successivement trois tunnels creusés dans les contreforts de la montagne, un profond ravin sur un viaduc de quatre arches de 12 mètres, dévale en ses méandres vers El-Kantara, traversant des oueds et des ravins sur neuf autres aqueducs.

El-Kantara! le Calceus Herculis (Talon d'Hercule) ou, ce qui est plus imagé et plus vrai, le Fourn-es-Sahara des Arabes, ou Bouche du Désert. Pays grandiose où se combattent une aridité sauvage et une réconfortante fertilité. Et du pont d'El-Kantara, pont romain, on jouit d'un coup d'œil extraordinaire, embrassant tout à la fois les hautes montagnes et les palmiers de l'oasis dont l'effet décoratif impressionne. L'oued El-Kantara, la route et le chemin de fer passent ensemble en un même point du défilé, et au sortir de la gorge formée par la gigantesque cassure de la montagne, on est dans l'antichambre du désert où se trouve l'oasis ; le torrent est capté et va baigner les pieds des 65.000 palmiers qui paient chacun environ 60 centimes de contribution.

« Maintenant les arbres ont disparu et la pluie
« a enlevé la terre qui est la chair des monta-
« gnes. Les os des géants sont à nu, les rochers
« apparaissent partout, roussis par le soleil ; plus
« de place pour loger une plante. Eh bien, c'est
« grand et coloré ! Les plans de ces montagnes,
« suivant leur éloignement et la façon dont elles
« sont éclairées, se distinguent par d'étranges et
« admirables colorations, où le blanc aveuglant,
« le jaune d'or, la terre de Sienne brûlée, le car-
« min, le violet et le bleu de cobalt forment un
« ensemble magique, d'une harmonie saisissante,
« grandiose, dépassant toute conception artisti-
« que. » Et ces montagnes, ces géants, ces ro-
chers se succèdent, s'étagent, se suivent, semblent marcher avec vous, se mouvoir avec une vitalité étrange, sans jamais cacher l'horizon qu'ils coupent de silhouettes sur lesquelles la nature, prestigieux artiste, a répandu un inimitable coloris. Mais quand disparaît le soleil chassé par la nuit qui arrive presque brusquement, car il n'y

a pas de crépuscule en Algérie, le spectacle change encore. Le ciel, toujours bleu, est plus clair, et le vent qui s'élève, mêlé au bruit du chemin de fer, ressemble assez au mugissement de la mer. Seulement, tout est sec, et les éternels galets témoignent seuls que, l'hiver, les torrents roulent tumultueusement dans leurs lits toujours trop étroits. Et là-bas, sur les montagnes de l'Aurès, des éclairs sillonnent la nue ainsi qu'un feu d'artifice qui éclate en bouquets ; l'orage est sec, pas une goutte d'eau ; le vent est plus violent, un vent de nord, affirme-t-on. Il n'en est pas plus frais pour cela et quand nous arrivons à Biskra, la chaleur est encore excessive. Il y a 38 degrés dans la chambre d'hôtel et c'est avec de. l'eau tiède, presque chaude, qu'il faut se rafraîchir avant d'aller dans la salle à manger où règne une température de serre. Ah ! si l'on pouvait se passer de mangèr ! Mais c'est là une habitude. à laquelle il faut sacrifier et l'on regrette de n'avoir pas quelques mains en supplément, pour tout mener de front : manger, s'éponger la figure, s'éventer ! Cependant l'aspect de la salle ne manque pas d'originalité. Chaque convive agite un éventail dont il se sert avec plus ou moins d'élégance et, à certains moments, il y a comme une brise qui passe, vous apportant par bouffées les odeurs combinées du gaz, de la cuisine et de la transpiration ! Et on salue avec joie la venue, sur la table, du fruit du pays, de la datte, encore primeur : c'est le dessert et la liberté.

On se sauve, où ? C'est la nuit ! On circule un peu ; machinalement on suit les autres et, en bloc, attirés par le bruit, on va vers un café maure où sont

Une Ouled-Naïl.

entassés de chaque côté, sur des banquettes, des Arabes ; au milieu, une table attend le touriste et, un peu plus haut, dans un étroit espace réservé, apparaissent des Ouled-Naïl qui exécutent leurs différents exercices, la danse des foulards, des douros, du ventre..., avec des gestes, des jeux de mine, des torsions convulsionnaires très appréciés par les naturels du pays. Combien cela est monotone! Et cela a lieu au bruit assourdissant du tam-tam (espèce de tambour) et de la flûte, accompagnés de la *derbouka,* sorte de pot fermé d'un parchemin sur lequel on frappe avec les doigts! Mais l'assemblée se passionne, s'excite, pendant des heures, et lorsqu'une danseuse s'affaisse, épuisée, évanouie, ce sont des acclamations sans fin.

Le touriste, en prenant du kaoua (café), regarde ces femmes de la célèbre tribu des Zor'eba courant le monde pour se faire une dot. Faire fortune, tout est là, et c'est le cas ou jamais de citer le proverbe : l'argent n'a pas d'odeur! Elles sont tenues en d'autant plus haute estime qu'elles ont amassé un plus important pécule. Mais elles conservent peu leur argent qu'elles convertissent en colliers, bracelets, chaînes, bijoux de toute sorte, dont elles se parent comme des châsses... articulées. Ce clinquant (de prix ou sans valeur) donne une plus grande originalité au costume des Ouled-Naïl vêtues d'étoffes de couleur voyante et coiffées d'une monumentale coiffure où brillent des ornements nombreux.

Puis, il faut se résigner. La journée du lendemain sera chargée, un peu de repos est nécessaire, et c'est avec regret qu'on franchit la porte de l'hôtel pour gagner sa chambre, véritable étuve... municipale. Les portes et les fenêtres sont grandes; toutes sont ouvertes et donnent sur la terrasse ou sur la rue. De temps à autre, des ombres passent, blanches : on ne dort pas, on se promène; le touriste continue ses excursions à travers les corridors, les galeries..., la chemise de nuit tient le record de la mode; les sages, ou les prudes, se contentent d'imiter Xavier de Maistre et de voyager autour de leur chambre... La nuit est si belle et si claire!

Cependant, vaincu par le sommeil, j'allais peut-être dormir, quand un gros paquet en burnous envahit avec fracas mon domicile. Il avait bousculé le garçon, hurlant : « Té, c'est mon ami, je veux le voir! » Et Esperandious était là, devant moi, riant aux éclats. C'était drôle, hein! Il ne fallait plus songer à dormir, on souffla la bougie un instant allumée et, sans même me laisser le temps de me reconnaître, il m'attira à la fenêtre et commença :

— Après mon aventure de Bordj-Bou-Aréridj,

je suis arrivé à Constantine, vous le savez, mais les autorités m'ont fait avertir qu'on m'expulserait d'Algérie si je n'étais pas prudent et si je ne me faisais pas oublier. Il ne faudrait pas une autre affaire comme celle-là pour amener une nouvelle insurrection... Moi, je ne voulais pas occasionner un conflit pareil et je disparus... Comment? En me voyant ce soir, vous vous en doutez, hein? J'ai quitté tout de suite Constantine, je me suis habillé en arabe, j'arrive de Touggourt, j'ai vécu avec les indigènes, je parle l'arabe comme père et mère, il n'y a plus d'Esperandious marseillais, mais un véritable arbi... regardez-moi, mais regardez-moi un peu!... et j'en sais maintenant des histoires du pays d'Afrique!... Tenez! vous voyez d'ici la caserne des zéphirs ou des joyeux, c'est la même chose, la sentinelle monte la garde avec son fusil croisé derrière le dos... c'est contraire à la théorie, mais ces gaillards-là s'en moquent, et quels gaillards! Un jour, ils ont vendu leur salle de police, oui, vendu!... C'est à Bougie que la chose se passa. Il n'y avait pas de prison, les troupes logeaient sous la tente et on avait simplement pris dans un quartier assez isolé une maison inhabitée ayant des barreaux de fer aux fenêtres... là, on enfermait à double tour ceux qui étaient punis, et le sous-officier, la clef dans la poche, retournait à son campement... Un zéphir — cas bien rare — était seul enfermé et regardait les passants, rares aussi. Il aperçoit un colon qui a l'air de chercher un logement, il l'appelle et lui dit :

— « Vous cherchez quelque chose, mon brave ?

— « Je cherche une maison pour caser ma famille et moi... »

Le zéphir ne réfléchit pas longtemps.

— « J'ai votre affaire. Cette maison vous conviendra. Elle n'est pas chère. Mais pour la visiter, il faut aller chercher le serrurier qui niche 5, rue du Port... c'est lui qui a les clefs... »

Le passant courut chercher le serrurier et le ramena. La porte est ouverte et on visite la maison. Elle plaît ; le prix en est fixé et le colon donne un acompte au zéphir qui disparaît, va au cabaret, pendant que l'acquéreur commence son installation. Durant quelques heures, tout alla pour le mieux : le colon emménageait, les zéphirs buvaient à sa santé sans se soucier de la fin de l'aventure. Cette fin arriva lorsque, le soir, une ronde vint qui pénétra dans la maison. Le nouveau propriétaire se fâcha : on lui avait bien dit que les militaires n'étaient pas commodes, et si c'était ainsi qu'on recevait les colons de bonne volonté et qu'on envisageait la colonisation, c'en était fait de la conquête... Les explications furent difficiles. De qui se moquait-on? Si les colons, maintenant, bafouaient l'armée, la décourageaient, les Arabes seraient bientôt les maîtres de la situation!... Tout finit cependant par se savoir. Le zéphir, retrouvé au café, au milieu de ses camarades qu'il « arrosait », fut sévèrement puni et rendit ce qui lui restait de l'acompte reçu. La discipline l'exigeait, mais il bénéficia de circonstances atténuantes, car ce n'était pas banal d'avoir vendu la salle de police dans laquelle il se trouvait enfermé. Ces bougres-là sont épatants! N'est-ce pas qu'elle est drôle, l'histoire?

Il continua :

— Avez-vous bu ce soir, à table, de l'eau de Biskra?

— Non, j'ai bu de l'eau de Saint-Galmier...

— Et vous avez bien fait. L'eau de Biskra est laxative... elle est très bonne pour les maladies de foie... Les uns affirment qu'elle donne le *clou de Biskra* dont la marque ne s'efface jamais, d'autres prétendent que ce clou est produit par la piqûre du moustique... chaque affirmation a ses partisans... moi, ça m'est égal, pourvu que je n'en aie pas!

Enfin, fatigué de parler, Esperandious ayant

daigné se taire, je sommeillai jusqu'au jour. Et

Biskra

en route pour les oasis. Il n'y a que l'embarras

du choix; les palmiers sont en plein rapport, étalant orgueilleusement leurs régimes chargés de fruits qui s'inclinent ainsi que des grappes d'or.

Toute oasis se compose principalement de palmiers-dattiers qui semblent former une forêt continue; mais, en réalité, ils sont plantés en ligne dans des jardins séparés par des murs en terre percés en amont d'un orifice par lequel la rigole d'irrigation pénètre dans le carré.

Le dattier est l'arbre nourricier du désert; c'est là seulement qu'il mûrit ses fruits; sans lui, le Sahara serait inhabitable et inhabité. Pour exprimer à quelles conditions il prospère, l'imagination des Sahariens exagère le vrai afin de le rendre plus palpable. « Ce roi des oasis, disent-ils, doit plonger ses pieds dans l'eau et sa tête dans le feu du ciel. » La science consacre cette affirmation, car il faut une somme de chaleur de 500 degrés accumulés pendant 8 mois pour que le dattier mûrisse parfaitement ses fruits (la chaleur n'étant utile à cet arbre qu'à partir de 18 degrés, toute température inférieure à ce degré n'entre pas dans ce calcul). Le climat du Sahara réalise ces conditions : là température moyenne de l'année doit être de 20 à 24 degrés suivant les localités. Les chaleurs commencent en avril et ne cessent qu'en octobre. Pendant l'été le thermomètre atteint souvent 45 degrés et même 51 à l'ombre (1).

Le nombre des dattiers fait la richesse d'une oasis, mais tous ne donnent pas de fruits; il y a des pieds mâles et des pieds femelles : les uns ont

(1) Charles Martin, *les Oasis de l'oued Rir*.

des fleurs munies d'étamines seulement et forment une grappe renfermée, avant la maturation du pollen, dans une enveloppe appelée « spathe »; les autres, au contraire, portent des régimes de fruits enveloppés également dans une spathe, mais qui ne sauraient se développer si le pollen ou poussière des étamines ne les a pas fécondés. Pour assurer cette fécondation, les Arabes pratiquent plusieurs systèmes : ils montent, à l'époque de la floraison, sur les palmiers femelles, vers le mois d'avril, et insinuent dans la spathe un brin de fleurs mâles dont les étamines fécondent sûrement les jeunes ovaires. Mais ce système est long à employer; aussi, plus communément, une fois sur l'arbre, secouent-ils les grappes contenant le pollen qui se répand en poussière tout alentour, véritable nuage vivifiant. Et les fruits grossissent, deviennent charnus et forment des grappes ou régimes dont le poids est variable.

Chaque arbre produit dans sa plus grande force, a dit M. Stardy, directeur du jardin d'essai à Alger, de huit à dix régimes par an, donnant chacun 6 à 10 kilogr. de dattes, ce qui fait une moyenne de 72 kilogr. par arbre, 7.200 kilogr. par hectare, un hectare ayant généralement une centaine de palmiers. Considérées en masse, les dattes valent dans le désert, au moment de la récolte, une fois moins que le blé. Dans le Tell, au contraire, au moment de la moisson, les dattes valent deux fois le blé, c'est-à-

dire que l'on a deux de blé pour un de dattes : d'où il suit
que la valeur du blé et des dattes est la même; la diffé-
rence qui peut exister s'établit par les frais de transport,
de conversion et de magasinage. La culture du blé produit aux indigènes du Tell six quintaux à l'hectare dans
les bonnes récoltes; la culture du dattier dans le Sahara
produit un poids de dattes douze fois supérieur à surface
égale.

Le dattier cultivé par les, indigènes n'a pas
produit moins de variétés que nos arbres fruitiers
les mieux cultivés : on compte soixante-dix variétés de dattes dans les Ziban. Il y a un choix :
la datte destinée à la consommation régulière, la
datte de luxe préparée avec des soins particuliers
pour l'exportation et qui se vend plus cher, la
datte sèche, plus spécialement réservée aux Arabes
qui la mettent dans leurs poches pour la manger
pendant leurs promenades...

Le palmier devient productif à l'âge de huit ans;
il offre quelques ressources qui sont utilisées sur
place. Les branches servent à faire des toitures,
des clôtures, des plafonds; les folioles servent à
tresser des nattes, des paniers, des couffins, des
éventails, des chapeaux; les troncs, refendus,
servent aux charpentes des maisons, à boiser les
puits, à établir des ponts, passerelles sur les
canaux d'irrigation. Lorsque les palmiers sont
vieux — ils vivent aisément cent ans — et sacrifiés,

on en extrait la sève pour faire du vin; le cœur

Jardin indigène.

est un mets très recherché. La cellulose qui retient

les divers filaments de l'arbre, donne, au moyen d'une préparation spéciale, une résine sucrée et très astringente, sorte de tannin; les étamines fraîches ou sèches du dattier servent à confectionner une tisane reconnue excellente dans le traitement des bronchites; les noyaux provenant de la distillation, torréfiés, donnent une poudre assez semblable à celle du café et, prise en infusion, arrête les diarrhées; enfin le miel et le sirop de datte trouvent en pharmacie de nombreuses applications.

Dans une oasis, l'Arabe ne cultive que ce qu'il peut arroser et les hauts palmiers dont les cimes rapprochées forment comme un vaste parasol au-dessus des jardins où poussent, à l'abri du soleil, des arbres à fruit : figuiers, grenadiers, oliviers; des légumes : navets, choux, oignons, carottes et, surtout, le piment, des potirons, des melons, des pastèques, le henné qui sert à teindre les ongles des femmes, la paume de leurs mains, les cheveux des enfants... Les maisons sont bâties en terre, avec des briques séchées au soleil, appelées *toube,* et l'indigène y vit insouciant sans s'inquiéter qu'au premier orage sa maison peut s'en aller en bouillie. Mais ce serait trop fatigant de mieux bâtir et il pleut si rarement ! L'Arabe qui nous guide et parle très suffisamment le français, explique en une seule phrase l'état d'âme de sa race. Comme je lui demandais s'il était content de la récolte, cette année, il répondit :

— Oh! oui, très content... bonne récolte... il y a du blé, de l'orge, beaucoup de dattes, tu vois... on est très content... on ne fera rien toute l'année !

Et il sourit à la perspective de ce doux farniente! Puis, il vous offre du kaoua, vous laisse couper vous-même une feuille de palmier, un souvenir, et reçoit avec une joie non déguisée la pièce blanche que vous lui mettez dans la main. Et on repart, toujours escorté par les enfants qui crient sur l'air des lampions : « Un sou! un sou! soldi! soldi! » Ils trottent, trottent, sans souci du soleil, se bousculent, se battent pour conquérir le sou jeté.

L'oasis de Chetma est la plus proche de Biskra, mais la plus renommée est celle de Sidi-Okba qui renferme le tombeau d'Okba-ben-Nafi qui conduisit les Arabes à la conquête de l'Afrique septentrionale et ne s'arrêta qu'au bord de la mer, en face de l'Espagne. C'est de Sidi-Okba qu'on a le spectacle bien nouveau du mirage : le désert est là qui vous offre l'illusion décevante d'une vaste nappe d'eau! Biskra, elle, est la plus grande des oasis; elle en est comme la capitale. L'eau n'y manque pas et si l'on ne s'écrie pas : Que d'eau! que d'eau! on ne manque pas d'être étonné, du haut de la mosquée de Sidi-Malek, de la quantité des palmiers qui offrent un coup d'œil bien original. Avec leurs grands corps nus et leurs chevelures qui poignardent le ciel, on dirait une armée de sauvages dont les têtes seraient ornées de longues plumes, à moins qu'on ne les prenne pour une armée de plumeaux prétentieux! Et partout de longs et lourds régimes de dattes mêlent leur belle couleur dorée à la verdure des feuilles !

Par opposition à ces oasis bien arabes, à la porte de Biskra, un parc offre un intérêt tout particulier. Il y a là des palmiers indigènes mêlés à toutes les plantes et aux arbres des tropiques. Les allées, tracées avec un art parfait, sont autant de voûtes où ne pénètre pas le soleil; partout bruit l'eau; on se croirait transporté dans une vaste serre. Mais ici, tout est grand, tout est puissant, les plantes, les arbres sont en pleine végétation et en pleine prospérité. Et si un reproche est permis, on peut dire que, véritablement, tout est trop bien soigné, trop bien tenu, trop bien peigné. Par une échappée, c'est le désert et le torrent à sec, maintenant, mais qui, l'hiver, gronde furieusement et empiète sur le parc. Curieuse nature, en vérité! Cette propriété a nom : château Landon. Pourquoi château?

Oasis de Château-Landon.

Les constructions ne forment pas un bloc, mais
bien une série de bâtiments qui ne manquent pas

d'originalité. Chaque appartement a une construction qui lui est propre : il y a la salle à manger,
le fumoir, le salon, des chambres... Tout cela est
séparé d'un corps de logis un peu plus important,
le château, sans doute. Mais l'idée n'est pas banale de manger ici, de fumer là, de jouer au bil-
lard là-bas, de coucher plus loin... M. Landon
doit être un partisan résolu de la décentralisation.
Sa propriété est une des curiosités de Biskra qui
s'est modernisée : elle a son casino, fort joli, ma
foi : la station hivernale est complète, maintenant,
en ce beau coin où il ne fait jamais froid et où les
habitants, pour avoir l'illusion de l'hiver, en sont
réduits à regarder l'Ahmar-Kaddou, la plus haute
montagne de l'Aurès qui, là-bas, là-bas, là-bas,
doit être couverte de neige? Doux pays, dirait
Forain.

Le touriste, même limité par le temps, doit-il
borner son excursion à Biskra, ou doit-il franchir
la porte du désert, à peine entre-bâillée, et s'ache-
miner vers Touggourt? Eh bien, on a un moment
d'hésitation avant de répondre, tiraillé qu'on est
entre la crainte de la fatigue et le désir de s'en-
foncer plus avant dans le Sahara. C'est qu'il n'y
a pas de chemin de fer, qu'il faut aller à cheval
ou en diligence et que 207 kilomètres vous sépa-
rent du but. Cependant, quel attrait offre cette

facile exploration! Dans le pays, on ne comprend pas l'hésitation : venir jusqu'à Biskra et ne pas aller jusqu'à Touggourt, c'est comme si le touriste venait en France sans voir Paris ou allait en Italie sans voir Rome! Et vogue la diligence sur le sable du désert! On part. Tout d'abord, on chemine sur un sol lumineux, uniforme et plat, parsemé de broussailles. On traverse une plaine verdoyante que recouvrait naguère l'épaisse forêt de Saâda. Chaque printemps, cette plaine est inondée par les crues de l'oued Djeddi. Ce souvenir vous rafraîchit. Puis on continue sur un plateau ondulé, rocailleux ou sablonneux, nu et recouvert seulement d'une végétation clairsemée, aux touffes rabougries, d'un vert grisâtre. Route longue et monotone égayée, oh! combien! par des caravanes bariolées de nomades. Et on arrive au bord méridional de ce plateau, sur la crête d'une grande falaise, le Ref-ed-Dohr, élevée de 150 mètres environ, « d'où l'œil découvre avec surprise et admi-
« ration, au pied même de la falaise, le spectacle
« inattendu et grandiose d'une nappe d'eau im-
« mense dont les flots agités sont sillonnés au
« loin par toute une flotte de navires! » Cette mer n'est qu'un mirage; cette mer, c'est le grand chott Melri, vaste cuvette dont les bas-fonds sont occupés par des eaux saumâtres. La plage du chott

est couverte d'efflorescences salines et semblable à un manteau de neige sous un soleil de feu. Bientôt, on arrive à Ourir, la première oasis de l'oued Rirh. Cent kilomètres parcourus. Ce n'est plus le désert, les oasis se succèdent : Mraïer, Sidi-Kedil, Ourlana, Sidi-Yahya... On ne perd plus de vue les palmiers, jusqu'à Touggourt.

La prospérité est venue, avec l'eau, car les oasis de l'oued Rirh ne furent pas toujours florissantes. Faut de l'engrais! dit-on dans une pièce de théâtre; faut de l'eau, beaucoup d'eau! disent l'Arabe et le colon, pour faire pousser le palmier. Et dans le pays de la soif, elle manquait! En 1856, le colonel Desvaux pratiqua le premier sondage, avec le double but de frapper l'imagination des indigènes par la puissance de nos moyens d'action et de les contraindre à aimer le conquérant, en leur apportant la richesse. Et le 19 juin de la même année, dans l'oasis de Tamarna-Djedida, un dernier coup de sonde faisait jaillir du premier puits français une puissante gerbe d'eau de la nappe artésienne. Cette nouvelle source fut baptisée *Fontaine de la Paix;* le nom de l'ingénieur qui l'avait fait jaillir fut vite célèbre. Il portait, du reste, un nom prédestiné : il s'appelait « Jus ». Il est inutile d'ajouter à quel jeu de mots prêta et prête encore une aussi heureuse réussite.

Les puits artésiens n'ont cessé d'augmenter et le
relevé des travaux officiels exécutés dans la province de Constantine de 1857 à 1896 constate

Puits artésien à Aïn Beda-Cheik.

l'existence de 777 puits formant une longueur
totale de 34.114 mètres, dont 320 sont à nappes
jaillissantes. Et avec le « jus », les irrigations de

plus en plus abondantes ont quintuplé la valeur des oasis.

Dans l'oued Rirh, les puits artésiens se comptent par centaines et leur débit, au dire des statisticiens, équivaut au dixième environ du débit de la Seine. Pour le Sahara, c'est un important rendement. Puis, en ce pays, comme elle est saisissante la rencontre inattendue d'un de ces beaux puits jaillissants ! « Derrière une enceinte protectrice on entend le « bruit d'une cascade venant rompre le silence en- « vironnant. On s'approche ; on croit apercevoir « un dôme transparent de cristal qui scintille, et « l'œil, comme fasciné, s'oublie dans la contem- « plation de cette masse d'eau limpide faisant « irruption par le tube métallique, à un ou deux « mètres au-dessus du sol, et retombant autour « de l'orifice dans une large cuve, d'où part un « ruisseau rapide. » Avec le progrès, pour frapper davantage l'imagination des indigènes, il n'y aura qu'à en faire des fontaines lumineuses ! En atten- dant ce nouvel effet de mirage, combien il est agréable, après une chaude journée au soleil et à la poussière, de se plonger dans la cuve d'un puits artésien, à l'ombre de grands palmiers, et de prendre une douche sous la chute volumineuse de cette eau tiède et claire ! Ce bain, aussi improvisé que gra- tuit, constitue un véritable acte de sybaritisme dans un hammam en plein air. Et Esperandious, qui aimait les citations, voulut poétiser la chose en disant, avec un beau geste :

Apparent rari nantes in gurgite vasto !

Il serait difficile de chiffrer exactement la valeur représentée actuellement par l'ensemble des oasis de l'oued Rirh : on l'évalue à cent millions. Mais c'est là un chiffre un peu fantaisiste, en tout cas très variable, car les plantations augmentent chaque année et la production n'est jamais la même. Il n'y a pas moins de 700.000 palmiers et de 100.000 arbres fruitiers. On est loin de 1857 ! Et il faut reconnaître que la prospérité des oasis est due, en grande partie, aux explorateurs Fau et Foureau (1) qui, en

(1) M. Foureau vient de mettre le comble à sa réputation en accomplissant avec succès la traversée du Sahara. La mission qu'il dirigeait, connue sous le nom de Foureau-Lamy, a justement rendu son nom célèbre et populaire. Il est donc inutile d'ajouter de longs commentaires aux éloges si légitimes qui ne lui ont pas manqué. — J'ai eu, en octobre 1894, l'honneur et le plaisir de passer quelques heures avec lui, à Biskra. Il allait partir pour exploration quelques jours après et nous causions de celles qu'il avait déjà tentées. — « Tant que je n'aurai pas réussi à atteindre le lac Tchad, je repartirai, disait-il, et je réussirai quand on me laissera faire ! Mais on m'arrête toujours ! »

Cet homme d'une énergie indomptable et qu'on reconnaîtrait difficilement sous le burnous arabe et qui parle l'arabe comme un indigène, disait vrai. Il a réussi, quand on l'a laissé marcher. Qu'il nous permette, ici, de constater son succès et de lui dire toute notre admiration : il a bien mérité de la France et de l'Algérie !

fondant la *Compagnie de Biskra et de l'Oued Rirh,* en 1878, ont donné un essor considérable à la culture, à la vente et à l'exportation de la datte. Sous leur énergique direction, la compagnie a grandi et elle a été la première entreprise particulière qui ait fait des puits artésiens dans l'oued Rirh et dans les Ziban. Elle possède le plus puissant matériel de sondage de l'Algérie; elle a creusé pour son compte (une vingtaine) et pour celui des indigènes de nombreux puits artésiens dont quelques-uns donnent jusqu'à 4.000 litres à la minute.

Parlant du Sahara, le Dr F. Quesnoy dit : « Dans « les 360 oasis qui appartiennent à la France, « chaque dattier acquitte un droit qui varie de 20 « à 40 centimes selon les oasis. » Si ce chiffre est encore exact, il faudrait au touriste une année — commerciale — pour toutes les visiter : à chaque jour suffirait son oasis.

Touggourt! Encore une oasis. Elle sert de résidence à l'agha qui gouverne le pays sous les ordres du commandant supérieur de Biskra. Nous y avons un poste militaire important. Il y a la Casbah, une caserne, une mosquée avec son minaret, une école franco-arabe... et beaucoup d'indigènes. C'est le plus grand marché de dattes du Sahara algérien.

Je n'ai pas vu Carcassonne, mais j'ai vu Touggourt : je puis donc mourir tranquille. Quel soleil !
Un soleil auprès duquel celui du Midi n'est qu'une
pauvre petite lune !

Ce qui est le plus intéressant, dans cette excursion, ce n'est pas la ville elle-même, c'est le pays
traversé, c'est le désert, ce sont les oasis, c'est
d'avoir vu l'Arabe chez lui, d'avoir pu l'étudier sur
le vif, avec une température bien africaine. Il faut
voir un pays tel qu'il est, en temps ordinaire, et
non dans une saison spéciale; autrement, on retrouve le climat et la végétation de France, et pas
n'était besoin de se déplacer. J'avoue, cependant,
n'avoir pas opéré cette *promenade* en plein été,
mais en octobre, avec une chaleur suffisante pour
me rendre compte de ce que peuvent être juillet et
août. De plus, après un été très chaud, on a la
vision bien nette des choses et on est enchanté du
fait accompli. Et de retour à Biskra on est tout fier
de retrouver ceux qui refusèrent de vous accompagner et tout heureux de retrouver aussi un peu
de fraîcheur, fraîcheur relative, s'entend.

De beaux et grands immeubles ont été construits, avec des arcades pour les garantir contre
les ardeurs du soleil. Il y a le vieux et le nouveau
Biskra. On visite les deux, on fait quelques achats
de bibelots, d'objets sans valeur, mais ayant la

marque d'origine. Et ce qu'il faut marchander!
Vous offrez le dixième de la demande, l'indigène
refuse d'abord pour revenir bientôt vous imposer
la marchandise. Le mot, imposer n'est pas exagéré. Oyez plutôt cette conversation de chaque
instant.

L'indigène. — Achète-moi ça.

Vous. — Combien en veux-tu?

L'indigène. — Dix francs!

Vous. — Dix francs? Je t'en donne vingt
sous!

L'Arabe va à une autre table et revient.

— Tiens, prends-le pour vingt sous!

Vous refusez, il insiste et vous dit le plus sérieusement du monde :

— Tu n'as qu'une parole... tu as offert vingt
sous... tu es engagé... prends-le...

Vous vous laissez faire. Quand on n'a pas envie
d'acheter, il faut bien se garder d'offrir un prix
quelconque : on en arrive même à se demander si,
pour rien, l'objet ne serait pas encore trop cher,
tant l'on a peur d'être volé. Mais on achète toujours quelque chose et l'une des emplettes qui ne
soit pas *fausse,* c'est le lézard empaillé du Sahara!
Il y en a de très gros, comme de jeunes crocodiles.
Je ne crois pas qu'un seul touriste parte sans em-
porter un ou plusieurs lézards empaillés, non pour

ses créanciers, mais bien pour en orner son salon. Les Biskris sont les titis de l'Algérie. En con-

Groupe de Biskris.

tact avec les touristes, ils sont délurés : ce sont les faubouriens de Biskra, qu'ils quittent pour aller un peu partout comme commissionnaires. Ils parlent un peu français.

L'un d'eux, très intelligent, très dégourdi, était très amusant. Il avait été longtemps au service d'un hiverneur anglais pour lequel il voulait nous confier une lettre. Et il nous racontait les histoires les plus extraordinaires qui soient, se moquant de son ancien maître et contrefaisant son accent. Je le questionnai sur les écoles. Il répondit :

— L'Arabe va à l'école, mais il est trop bête pour comprendre, et parle toujours arabe..., il rigole mais n'apprend pas...

— Et toi?

— Moi, j'y vais à l'école, ça m'embête... La gymnastique de l'esprit, c'est pas mon affaire... Tu sais, cependant, si tu veux, je vais te réciter un chapitre sur M. Clovis, sur M. Bayard et sur M\ :sup:`lle` Jeanne d'Arc...

Il sourit malicieusement en prononçant le nom de Jeanne d'Arc.

— Qu'est-ce que tu penses de Jeanne d'Arc?

— Je pense que c'était une brave *nessa* (femme) et que quand nous en aurons une comme elle, nous vous f....... à la porte!

Et le Biskri éclata de rire. Il reprit :

— Tu sais, faut pas te fâcher, c'est une blague que je t'ai faite... c'est l'Anglais qui m'a appris cela!

Nous aurons l'occasion de parler des écoles, dans un autre chapitre, et nous constatons qu'à Biskra le titi faisait une blague. En effet, s'il est possible de faire fonds sur l'Arabe, c'est bien là-bas. Les indigènes se vantent de leur fidélité à la France et citent l'exemple suivant :

En 1839, Bou-Aziz Ben-Ganah avait été nommé Cheikh-el-Arab. Son autorité était établie par ce fait sur tous les Arabes du Sahara. Abd-el-Kader voulant disposer de cette haute position pour un de ses partisans, envoya son Khalife Bou-Azouz avec un bataillon d'infanterie régulière, un goum nombreux et deux pièces de canon pour attaquer Ben-Ganah dans les environs de Biskra. A cette nouvelle, Ben-Ganah se porte au-devant de l'envoyé d'Abd-el-Kader, l'attaque avec tant d'impétuosité qu'il lui tue 150 fantassins et une soixantaine de cavaliers. Canons, drapeaux, tambours, armes, tentes, chameaux, bêtes de somme, tout reste en son pouvoir (24 mars 1840). Par une sorte de coquetterie de chef et pour faire apprécier toute la valeur de son action, Ben-Ganah fit couper les oreilles droites à chacun des cadavres, et après les avoir préservées de la destruction par le sel, il les envoya au gouverneur.

Ce fait produisit à Alger une grande impression. C'était la première fois que les Arabes agissaient seuls pour nous. Cependant, quatre ans après (4 mars 1844), il fallut occuper Biskra et les Arabes massacrèrent les quelques soldats français laissés en garnison dans le fort. Depuis on a établi une garnison assez importante et cette sage mesure a, tout comme un palmier-dattier, porté ses fruits. La famille de Ben-Ganah est encore aujourd'hui en

Un caïd.

fonctions à Biskra et son autorité s'étend sur toute la région des oasis.

Le caïd actuel de Biskra figurait dans le cortège du tzar Nicolas II, à son entrée à Paris, en 1896, et Ben-Ganah était très fier des paroles aimables de l'empereur qui lui rappela que son père, le tzar

Alexandre, avait décidé d'aller à Biskra, en 1894, pour tenter sa guérison.

Tous ceux qui sont allés à Biskra et ont été présentés à Ben-Ganah ont emporté le durable souvenir de sa cordiale et royale hospitalité. Car Ben-Ganah fait bien les choses : c'est pour lui une occasion de témoigner sa sympathie aux Français. Et tout est calme là-bas, grâce à son influence, grâce aux progrès et aux perfectionnements apportés dans la culture du dattier, grâce à l'eau qui amène la prospérité et la richesse avec elle, grâce, enfin, à une garnison qui assure l'ordre et permet de travailler en paix avec la sécurité du lendemain

III

HAMMAM-MESKOUTINE. — BÔNE. — TUNIS.

Sur la voie même du chemin de fer de Bône, sort une forte colonne d'eau blanchâtre et fumante; c'est le trop-plein des sources thermales d'Hammam-Meskoutine qui offrent de nombreuses curiosités naturelles auxquelles la légende arabe en a ajouté bien d'autres. Le touriste ne saurait passer sans s'arrêter.

Les sources thermales d'Hammam-Meskoutine (95-98°) contiennent des dépôts calcaires considérables; elles sourdent au centre d'un cirque montagneux presque circulaire. Elles portent le nom de *bains des damnés* et de *bains enchantés*. L'aspect des abords explique cette double appellation qui emprunte à la poésie arabe son caractère si marqué. Les eaux sont efficaces contre un certain nombre d'affections. D'où leur célébrité.

L'origine de ces bains remonte aux Romains qui y envoyaient leurs légionnaires malades ou blessés, remplacés aujourd'hui par des soldats français ou des voyageurs. Et tout en évoquant le passé, on admire la cascade pétrifiée avec ses aiguilles, ses stalactites, ses colonnettes, ses nappes figées, ses vasques élégantes, aux tons variés, les grottes environnantes et les ruines romaines qui abondent tout autour de la station. La vapeur qui s'élève des sources augmente la chaleur du soleil qui donne un étrange coup d'œil. Et l'on veut connaître les légendes narrées avec force détails par les Arabes, ces éternels conteurs des *Mille et une Nuits*.

La vengeance céleste a passé par là.

Et toutes ces pétrifications représentent : le frère qui allait, contre toute loi divine et humaine, épouser sa sœur; le marabout et les témoins de ce mariage incestueux; le chameau qui portait les présents du mariage d'Ali et d'Ourida (Rose), fils et fille de Brahim et de Fathma. « Et pour « que les hommes ne perdent pas la mémoire de « cette punition solennelle, pour que sans cesse la « colère céleste se montre présente et inassouvie, « Dieu permet que les feux du festin brûlent « éternellement, qu'une fumée épaisse, des eaux « brûlantes jaillissent du sein de la terre et que « des grains blancs, pareils à ceux du couscous- « sou, couvrent le sol désolé! »

Selon les indigènes, le bruit souterrain que l'on entend en passant sur le plateau des Sources, serait produit par la musique infernale des djinns, génies qui doivent s'opposer à notre établissement dans cette contrée, de même qu'ils ont déjà renversé tous les établissements romains dont les ruines jonchent le sol de Meskoutine. D'autres prétendent que les crônes des sources représentent les tentes pétrifiées de leurs ancêtres; ceux qui affectent une forme irrégulière sont des hommes, des femmes, des enfants ou des animaux de la tribu. Une autre version veut que Salomon ait confié la garde des bains qu'il avait créés sur divers points du globe à des génies sourds, muets et aveugles, afin qu'ils ne puissent ni voir, ni entendre, ni raconter ce qui s'y passerait. Salomon n'aurait certainement pas aimé les reporters!

Mais si les Arabes cultivent les légendes, les Français ne dédaignent pas d'en créer. Dans un très intéressant opuscule publié en 1865, M. Benjamin Gastineau raconte (1) :

Mes journées s'écoulaient rapides à Hammam-Meskoutine. Le matin, je prenais, comme tous les domiciliés à l'hôpital, mes douches et mon bain d'eau chaude, car on ne sort pas de la fournaise à Meskoutine. Grillé par un soleil de 50 degrés, vous vous rafraîchissez en vous jetant dans

(1) *De Paris en Afrique, voyage et chasse en Algérie.*

une brûlante piscine. On s'acclimate à la manière des poissons qui vivent sous les eaux chaudes. La pêche à la ligne est fort curieuse à Meskoutine. Il s'y prend d'excellents barbeaux dans la couche inférieure des eaux chaudes, dont la température est moins élevée qu'à la surface, et le pêcheur, pour manger séance tenante son poisson cuit au bout de sa ligne, n'a qu'à le maintenir quelques minutes dans la région supérieure du ruisseau d'eau chaude.

Ce genre de pêche était assez original pour piquer la curiosité. Et je voulais me renseigner, mais sans m'attirer les quolibets d'alentour. Comment faire? M. Benjamin Gastineau me semblait un peu bien du Midi! Esperandious se chargea de la chose, à table :

— Dites donc, maître d'hôtel, est-ce qu'on ne pêche pas à la ligne, ici?

— Oh! non, monsieur!

— Mais on a pêché, autrefois...

— Du temps des Romains, peut-être, mais depuis que je suis ici, je n'ai jamais entendu dire...

— Alors, on m'a blagué?

— Et qu'est-ce qu'on vous a dit?

— On ne m'a pas dit, j'ai lu!

— Et qu'est-ce que vous avez lu?

— Parfaitement. J'ai lu qu'il y avait des barbeaux dans la couche inférieure des eaux et que, en maintenant sa ligne dans la région supérieure d'eau chaude, il n'y avait plus qu'à manger le poisson... il était cuit...

Un vaste éclat de rire accueillit cette déclaration dont Esperandious attendait un grand effet. Mais le maître d'hôtel était un ancien militaire qui entendait mal la plaisanterie et n'entendait pas qu'on se moquât de lui. Il répondit, sèchement :

— Autrefois, cela se passait ainsi parce que les barbeaux se vidaient tout seuls, mais, maintenant, ils ne veulent plus rendre ce qu'ils ont mangé et tout le monde n'aime pas... c'est pourquoi nous n'en servons plus...

Un second éclat de rire arrangea tout : les deux interlocuteurs étaient quittes.

Le dîner se termina fort gaîment.

— Il m'a rivé mon clou, avouait le Marseillais, mais je le repincerai !

En quittant Hammam-Meskoutine, on va à Bône la coquette. Là, on se croirait dans une ville de France. La place principale, avec ses belles et hautes maisons neuves, rappelle certaines villes de province. Les palmiers, les orangers, lui donnent un cachet particulier, sous le beau soleil, impuissant cependant à faire mûrir les dattes dont les régimes tombent tristement, navrés de leur inutilité. En revanche, les orangers étaient fièrement leurs fruits jaunes dont on apprécie la saveur. Et le long des arcades, de superbes magasins sollicitent la vue, vous tentent, pendant qu'une nuée de jeunes arbis vous crient : « Cirez

Groupe d'Arabes à la porte d'un café maure.

m'sieu! portez m'sieu! » Ils veulent toujours vous cirer ou vous porter quelque chose pour gagner un soldi. Puis, à ces commissionnaires, à ces décrotteurs, se mêlent d'autres jeunes arbis, porteurs de pain qui plantent là leur hotte pour s'amuser. Ils jouent, s'accroupissent, regardent et, pour donner sans doute plus de saveur à la marchandise qu'ils vont livrer, ils caressent leurs pieds, passent les doigts sur leurs orteils — un doigt salit l'autre — et se sauvent servir la clientèle. C'est engageant.

Les places et les promenades abondent : partout de beaux arbres, des fontaines, de belles constructions, de beaux cafés... ici, la statue de Thiers... là, la colonne Randon... La ville arabe est de beaucoup plus propre que les quartiers arabes des autres villes... les rues sont plus larges... Le port, très animé, est formé au moyen de deux grandes jetées... La campagne est superbe et si la Seybouse n'est pas claire, les citernes romaines d'Hippone, qu'on vient de remettre en état, vont du moins apporter à Bône un surcroît d'eau potable pour faire une loyale concurrence au vin affiché partout à dix centimes le litre!

Pour la première fois, depuis que je suis en Algérie, le sirocco souffle; son haleine est de feu; pour me rafraîchir, on me montre le verdoyant Edouk, montagne où règne un printemps perpétuel. Et l'Edouk est là, avec ses riantes promesses; c'est tentant, mais le temps presse, l'escalade est longue et Tunis vous appelle. Et je m'éloigne, laissant Bône la coquette au milieu d'un épais nuage de poussière. Le sirocco nous accompagne; la chaleur est étouffante et les incendies, signalés sur certains points, se multiplient sur notre passage.

Nous sommes dans un véritable four.

Près de Mondovi, les flammes ont envahi la voie; il faut stopper, peut-être même reculer pour éviter l'incendie. La brousse, les arbres, flambent des deux côtés de la ligne; les traverses commencent à fumer et à se tordre sous l'effet de la chaleur; un parti s'impose : retourner à Bône ou passer... On ferme toutes les portières, le train recule pour prendre son élan... il part... on est passé sans accident... l'enfer est traversé, et c'est avec un plaisir véritable qu'on se trouve à Duvivier qui, en temps ordinaire, n'a rien de bien séduisant. Cette fois, son buffet est vite dévalisé, et rien n'est bien frais!

Le siroco a daigné faiblir et l'on regarde. Dès la première station, à Medjez-Ifa, cela devient intéressant. C'est là que commence la longue rampe de 25 millimètres par mètre qui, se poursuivant pendant 27 kilomètres, élève insensiblement le voyageur à plus de 675 mètres au-dessus de son point de départ. A Aïn-Tahamimin un double tunnel précède un viaduc en maçonnerie de forme courbe qui passe pour un chef-d'œuvre de construction.

Le pays est tourmenté. On monte toujours, mais

la rampe va s'adoucir légèrement et, avant d'arriver à la station de la Verdure, nous jouissons d'un superbe coup d'œil. A nos pieds, à plus de 600 mètres de profondeur, apparaissent les stations et les villages d'Aïn-Tahamimin et de Medjez-Ifa que nous venons de quitter et que la limpidité de l'atmosphère, à cette altitude, permet de distinguer dans leurs moindres détails, tandis que la vue s'étend au loin sur les vallées du Melah et de la Seybouse. La Verdure! Joli nom en ce pays de soleil; mais l'incendie a passé par là, les forêts de chêne-liège ont été très éprouvées et de larges taches noires indiquent les dégâts commis. Semblables à de longs morceaux de charbon poussés pour les forges de Vulcain, des troncs de chênes-liège, des baliveaux calcinés attendent le passage et la cognée des bûcherons. Cela donne un aspect lamentable à ces sites pittoresques où des eaux gazeuses ont valu à Aïn-Sennour une certaine renommée... locale.

C'est à Soukahras (le Marché des Lions) que nous retrouvons les incendies laissés aux environs de Mondovi. Mais la gare est à quelque distance des collines où se propage l'incendie. Des zouaves, armés de longues branches vertes, font tête à l'élément, le long des vignes qu'ils s'efforcent de préserver. On entend le crépitement des flammes.

Comme il fait encore jour, le spectacle n'a rien de

Labourage indigène.

grandiose, mais on regarde, un peu consterné, les

progrès du feu que les zouaves combattent toujours, tandis que la population arabe ne semble pas s'apercevoir de ce qui se passe là-haut. Elle demeure indifférente!

Pourquoi? J'ai tenu à me renseigner, ne me contentant pas de constater et d'entendre dire que l'Arabe est l'ennemi de la forêt. Il est certain que l'indigène qui ne pense pas au lendemain, qui n'a pas de besoins, qui ne redoute pas l'hiver, n'a aucun souci de la conservation du bois. Souvent, la forêt est interdite aux pâturages, et ses troupeaux doivent brouter! Aussi voit-il disparaître les forêts avec plaisir, parce qu'une pluie sur le terrain incendié fera pousser de l'herbe et que les bestiaux iront tondre de leur langue cette herbe nouvelle. En principe, son raisonnement ne va pas plus loin, et si le déboisement augmente la sécheresse, il s'en console : Allah est grand! Cependant, en 1894, les incendies se sont tellement multipliés et sur des points si éloignés les uns des autres, qu'on en est venu à se demander si cela n'était pas le résultat d'une entente et si un mot d'ordre n'avait pas été envoyé dans les tribus. En tout cas, il y a eu une coïncidence qui permet cette supposition. Cette année-là, le 19ᵉ corps d'armée exécutait des grandes manœuvres et la majeure partie des troupes y prenaient part; les garnisons étaient dégarnies... Plus sûrs de l'impunité qu'en temps ordinaire et échappant davantage, par la force même des choses, à la surveillance, les Arabes allumaient partout des incendies... Ils détruisaient... ça leur profiterait peut-être... certainement cela déplairait aux conquérants... Quand les chats ont disparu, les souris dansent... nos troupes étaient aux grandes manœuvres, près d'Alger, et les indigènes allumaient de grands feux de joie... Ç'a été leur insurrection en 1894 !

Je sais bien que les Arabes ne sont pas gens à précautions ; que, pour s'éviter un peu de peine, ils mettent volontiers le feu aux herbes, aux broussailles qui les gênent pour la récolte prochaine ; je sais bien aussi qu'avec une trop grande sécheresse, les étincelles du chemin de fer peuvent amener de nombreux accidents... mais je persiste à croire que la présence de nos troupes aux grandes manœuvres n'a pas été étrangère aux incendies qui se sont multipliés, généralisés, et cette fâcheuse coïncidence autorise, je le répète, toutes les suppositions, d'autant que la sécheresse est sensiblement la même, chaque année, et que les chemins de fer, en Algérie, ne datent pas de 1894...

Quoi qu'il en soit, après avoir déploré l'incendie des forêts, il nous a été donné de jouir d'un inoubliable spectacle dont nous nous serions volontiers privés, mais dont nous avons usé autant que la proximité des flammes et la prudence le permettaient. Et, avec la nuit, quel terrible enchantement! Tout le long de la pente que descend le chemin de fer, des plateaux, des collines, des montagnes, bordent la voie, et le feu accomplit sa terrible besogne : il noircit les rochers, court d'une broussaille à l'autre... *quærens quem devoret...* les gros arbres tombent avec fracas, la brousse crépite, les étincelles illuminent le ciel... ce sont autant de bouquets de feux d'artifice un soir de fête... et des cônes gigantesques complètement embrasés ressemblent aux décors d'une satanesque féerie...

Spectacle grandiose pour lequel je ne souhaite pas une deuxième représentation!

Nous voici en Tunisie. Ghardimaou est la première station en territoire tunisien. On dîne, mal et très vite. Pour payer, on éprouve les premiers ennuis de la conquête. L'argent français n'a pas cours; on daigne, cependant, accepter les billets, l'or et les pièces de cinq francs : quant à la monnaie divisionnaire, bernique! Au retour, ce sera bien autre chose! En attendant, Esperandious nous donne la comédie. On n'a pas fini de dîner, on crie : En voiture! Sans hâte, on regagne le train...

le Marseillais pérore au milieu d'un groupe qui rit bruyamment. Il agite un instrument qu'il appelle prétentieusement son nécessaire de voyage.

— Oui, clame-t-il, j'étais persuadé qu'on nous presserait, qu'on ne nous donnerait pas le temps de dîner tout en nous faisant payer fort cher..., mais avec moi, ça ne prend pas..., le potage était très chaud et je l'ai emporté... le voilà...

Les rires augmentent à la vue de l'instrument. C'est un succès fou. Esperandious passe à la démonstration :

— Voyez, c'est simple... avec mon nécessaire de voyage, sorte de pompe aspirante et foulante, je ne suis plus volé par les buffetiers... en voici la preuve...

Et, sérieusement, il verse dans un verre le contenu de son nécessaire de voyage et avale consciencieusement son potage... Il avait pompé son consommé dans une seringue qu'il portait toujours en voyage : moyen pratique, sans doute, de remédier aux trucs des buffetiers, mais qui sera peu adopté.

— C'est qu'on a des préjugés imbéciles, dit Esperandious en haussant les épaules.

C'est vers minuit qu'on arrive à Tunis et l'heure — celle du repos — n'est pas aux pérégrinations. Cependant, on ajoute une nouvelle édition au voyage de de Maistre et l'on se promène nerveusement autour de sa chambre. Il y a 38 degrés! Les fenêtres sont ouvertes, sans lumière, pour ne pas attirer les moustiques. Et ce n'est guère qu'à l'approche du jour qu'on sommeille un peu, dans un véritable bain de vapeur. Aussi, quand le bruit de la rue monte jusqu'à vous, on se lève vite et on regarde. D'un côté, c'est l'avenue de la Marine, centre du quartier européen; de l'autre, par une échappée, c'est Tunis la blanche, et si le soleil permettait cette illusion, on se demanderait vraiment si la neige ne recouvre pas les maisons. Et lentement, paresseusement, on s'habille, beaucoup plus préoccupé de ce qui se passe dans l'avenue, que de sa toilette.

Les Arabes, toujours imagés, comparent Tunis à un bournous étendu. La ville s'étale dans la plaine, avec des ondulations d'où surgissent les dômes des mosquées et les clochers des minarets. Autour d'elle, trois lacs brillent comme des plaines d'acier. Au nord, dans le lointain, la *Sebkra-er-Rouan;* à l'ouest, la *Sebkra-es-Sedjouni;* au sud, le grand lac de Tunis ou lac *Bahira,* puis, vers le nord, la mer et son golfe profond encadré de montagnes.

Vue d'une colline voisine, Tunis offre un charmant coup d'œil. Son pourtour est estimé à 9 ki-

Tunis la Blanche.

lomètres environ et cette vaste agglomération, dont l'origine remonte à une colonie phénicienne contemporaine de Carthage, possède aujourd'hui plus de 150.000 habitants, dont 80.000 musulmans et 30.000 israélites. Elle est la capitale de la régence, siège du gouvernement beylical, du protectorat français, de la brigade d'occupation, et se divise en quatre quartiers : la *vieille Tunis* ou la *Medina* entourée de remparts crénelés et flanqués de tours ; la *Marine* qui est le quartier européen se prolongeant jusqu'à la douane, aux bords du lac ; le faubourg *Bab-es-Souïka*, au nord ; le faubourg *Bab-el-Djezira*, au sud. Les faubourgs sont eux-mêmes entourés d'une deuxième enceinte que l'on aperçoit en arrivant à la sortie du tunnel de Manouba. Sans le nouveau quartier européen qui a de belles rues larges et bien alignées, ayant pour centre la superbe avenue de la *Marine* sur laquelle se trouvent le palais du ministre résident général de France, le cercle militaire, le Grand Hôtel, les principaux cafés, de belles constructions, Tunis n'est qu'un labyrinthe de ruelles étroites où circule et s'agite une population bizarre, revêtue de vêtements aux couleurs éclatantes, donnant à la ville une physionomie orientale très pittoresque.

Mais, au milieu de ces costumes si variés des

Tunisiens et des juifs, au milieu de cette fourmi-
lière de haïks, de burnous, de tuniques de soie
et de haillons superbes de misère, les juives tuni-
siennes captivent l'attention. Avec leurs bonnets
pointus laissant tomber sur le dos une riche
écharpe, les jambes serrées dans des caleçons
bouffants, le buste épais grouillant dans une vaste
blouse aux tons clairs, marchant à petits pas sur
des escarpins qui traînent et dans lesquels pénètre à peine la pointe des pieds, ces masses de
chair sont une véritable curiosité. Souvent il y a
de la beauté dans cette viande qui marche et sourit,
selon les rencontres, mais combien sont répu-
gnantes les suivantes, vieux mentors hors d'âge,
mastodontes ou squelettes, qui seraient bien mieux,
remisés dans un grenier qui n'abriterait plus leurs
vingt ans !

Cette corpulence de la juive est-elle naturelle ?
On affirme que non. La juive tunisienne ne serait
pas toujours un paquet de graisse, mais la juive
maigre est peu estimée sur le marché du mariage.
On aide la nature. Quand un mariage est décidé,
les parents de la fiancée sont les premiers à dire
au futur époux :

— Comment trouves-tu Fathma ? A ton goût,
est-elle assez grasse ?

— Non, pas tout à fait assez !

—. Eh bien, tu reviendras dans deux ou trois mois, et tu verras si elle a assez engraissé.

Et Fathma est soumise à un régime particulier. Elle absorbe des graines qui ont la particulière propriété de rendre grosses et lourdes, en peu de temps, les promises anguleuses. Puis le fiancé revient.

— Eh bien? font les grands-parents.

— Pas tout à fait assez dodue!

— Tu reviendras.

Et il revient un mois, deux mois, trois mois après. Si la poulette a bien profité de l'engrais, si elle est grasse à point, il l'épouse. Tous les goûts sont dans la nature, et la nature, en sa bonté infinie, a fait pousser les graines qui les peuvent satisfaire.

La juive tunisienne est certainement la curiosité de la rue.

A cette curiosité vient s'ajouter le cosmopolitisme des habitants, Français, Italiens, Maltais, Grecs et gens de races confondues.

La partie la plus intéressante de Tunis est, sans conteste, celle des *Souks,* longues rues voûtées ou couvertes de planches, galeries tortueuses et entre-croisées où, groupés par corporation, chacune ayant sa rue, les ouvriers et les vendeurs indigènes travaillent et attendent la clientèle, dans un amoncellement étrange d'étoffes, de tapis, de couvertures, d'objets de toute sorte. Ce sont les

Juive de Tunis.

marchés de l'Orient avec leur animation, leur

gaîté, leur éblouissement de couleurs. On vous happe dans la rue, on vous entraîne dans les magasins : « Viens, entre voir, tu n'achèteras pas si tu veux... » Une fois entré, la marchandise s'entasse devant vous, vous aurez des prix d'amis, prix majorés de 50, 75 et 80 pour 100. Vous êtes littéralement abasourdi, mais vous avez acheté quelque chose. L'Oriental est un maître vendeur.

Dans ma jeunesse, la rivalité de Rome et de Carthage m'avait passionné. J'avoue, même, que toutes mes sympathies étaient pour Annibal. Et, maintenant, j'avais dans l'oreille, ainsi qu'un bourdonnement, le fameux *delenda Carthago* d'autrefois. C'est dire mon empressement à aller visiter les ruines de Carthage. On y va en chemin de fer, puis, de son pied léger, on se rend sur l'emplacement où s'éleva la ville puissante qui tint Rome en échec. J'ai vainement cherché les ruines, et si Marius revenait en ce monde, il serait obligé de s'asseoir par terre. Et c'est avec une peine infinie que j'ai pu trouver un morceau de marbre ou un bout de mosaïque. N'est-ce pas le cas de crier : Grandeur et décadence ! Par exemple, nous admirons les citernes, restaurées à neuf et pleines d'eau : c'est la provision de Tunis. En remontant sur la colline de Byrsa, on trouve la chapelle de Saint-Louis ;

dans l'un des bâtiments est installé un musée d'antiquités ; un peu à côté, la magnifique cathédrale de Carthage, inaugurée en 1890 ; la *Marsa,* résidence du Bey; là-bas, la Goulette... Mais pas de végétation, à part quelques cactus et quelques

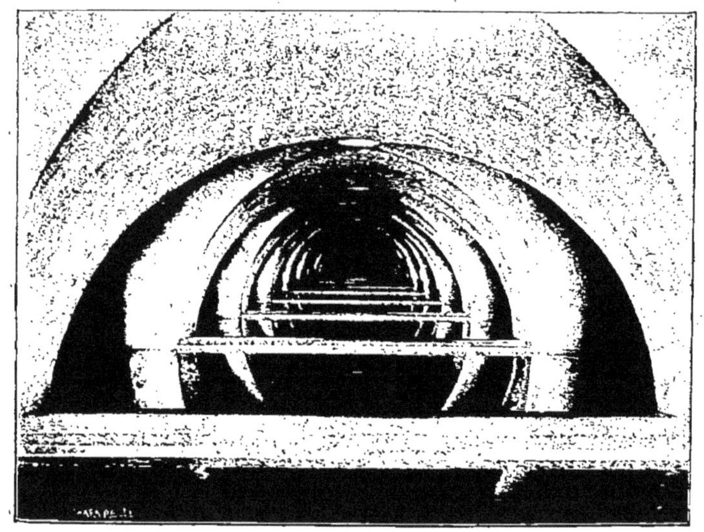

Citernes de Carthage.

pieds de figuiers de Barbarie. Encore des souvenirs du vieux temps, car je me demande pourquoi le sénateur romain qui, en prenant séance, prononçait avec obstination son invariable : *delenda Carthago!* éprouva le besoin d'apporter, pour surexciter les instincts belliqueux de ses collègues sommeillant sur leurs chaises curules, un panier de figues. Il fallait que Rome fût bien privée de figues pour en arriver à l'obsession de la conquête de la terre qui produisait de pareils fruits. Et quels fruits ! On ne peut pas les cueillir tant ils ont de piquants, et quand ils sont cueillis et ouverts par des mains courageuses et cuirassées, on ne peut les manger, tant ils sont mauvais.

Quoi qu'il en soit, le fameux *delenda* a porté ses fruits, lui : il ne reste plus rien de l'antique cité. Espérons que les fouilles n'ont pas dit leur dernier mot.

Vous avez lu que les soldats du Bey tendaient la main et tricotaient des bas, aux coins des rues. S'ils ne tendent plus la main, ouvertement, ils en ont grande envie et acceptent volontiers quelques sous ; mais ils ne tricotent plus — du moins, je n'en ai pas vu tricoter. Autrement, j'ai vu beaucoup de soldats et ne m'en plains pas. Le hasard — heureux — m'a fait être à Tunis le jour d'une grande revue, à l'issue de non moins grandes manœuvres. Il faut leur rendre cette justice qu'ils s'efforçaient de se bien tenir, à côté de nos troupes. Ils y parvenaient. Mais pourquoi ce singulier contraste entre nos soldats et ceux du Bey ? Les nôtres ont adopté, le plus possible, le costume du pays, et on sait avec quelle crâne désinvolture marchent nos zouaves, nos turcos... les autres troupes ont le pantalon large, la veste ample... Les soldats du Bey — ô ironie ! — sont vêtus comme nos artilleurs en France...

Mais Tunis fut bien bruyante pendant plusieurs heures, au retour de la revue. La poudre parlait dans les rues. Gais et contents, les indigènes, avec des fusils préhistoriques, faisaient un vacarme épouvantable : des détonations tonitruantes retentissaient partout. Je voyais charger jusqu'à la gueule des *mokahlas* de toute forme, de toute espèce, dont les décharges noircissaient le pavé et dont les bourres de papier enflammées et déchiquetées remplissaient la chaussée. La prudence commandait de se tenir à l'écart de ces guerriers encombrants, leurs tromblons pouvant éclater à chaque instant : quelques-uns n'y manquèrent pas pour donner plus d'éclat à la joie... Qu'importait ! Le Tunisien s'amusait... Les Arabes souhaiteraient une semblable licence, mais peut-être feraient-ils trop parler la poudre !

Avec les excursions, la visite des monuments et magasins, les journées sont occupées à Tunis, mais les soirées sont longues à passer. Le théâtre, les concerts, les bals, sont peu intéressants avec la canicule. Le seraient-ils davantage avec quelques degrés de moins ? Je vais, néanmoins, parler de ce qui nous arriva. La censure avait largement opéré dans une pièce ayant pour titre : *Tunis-Revue*.

Les coups de ciseau d'Anastasie avaient produit quelque émotion. Les initiés prenaient parti pour la noble dame, gardienne de la morale et des bonnes mœurs; les autres pensaient que, trop aiguisés, les ciseaux avaient été trop longs. La représentation serait animée, si l'on en croyait la rumeur publique, et l'administration aurait son paquet. En fallait-il davantage pour piquer notre curiosité? Nous fûmes au concert. C'était bondé. La représentation fut d'un calme extraordinaire. Était-ce donc la peine de tant protester, au dehors, pour ne pas soulever le moindre incident à l'intérieur? Esperandious me dit, confidentiellement :

— Je connais le directeur, il a passé par Marseille... Je l'ai vu aujourd'hui... il m'a demandé mon avis que je lui ai donné... vous allez voir...

A dire le vrai, les spectateurs semblaient attendre quelque chose. Et quand les représentants de l'autorité et d'Anastasie eurent quitté la salle, le compère de la revue apparut. On l'applaudit.

— Voici, fit-il simplement. Vous savez qu'on nous a contraints à rogner, rogner... Naturellement, il a fallu enlever ce qui était le plus réussi, ce que le public aurait le mieux compris... la censure n'en fait jamais d'autres... mais vous ne perdrez pas tout...

Et il se mit à raconter, succinctement, ce qui

avait disparu de *Tunis-Revue*. Pour les gens du terroir, tout cela devait être bien spirituel, car le compère eut une véritable ovation... Pour nous, c'était moins réussi, mais le truc était original. Nous retînmes, cependant, qu'on critiquait fort l'administration et son recrutement. Parmi les fonctionnaires, au moment de l'occupation, il y avait, paraît-il, beaucoup de gens complaisants qu'à Paris on appelle Alphonses... la police, même, en comptait quelques-uns. L'un d'eux disait un jour à un colonel : « Tu me méprises, mais je te forcerai bien à me saluer ! — Jamais ! — Tu verras ! » Un jour le policier commandait une patrouille et, rencontrant le colonel, il la fit arrêter et porter les armes. Le colonel avait dû saluer ! Un autre avait pour spécialité... comment dirai-je ?... le logement en ville et s'en acquittait à la satisfaction des clients. Certain soir, la denrée manqua, et il offrit au touriste le logement du juge consulaire !

La censure, gardienne vigilante de la morale et des bonnes mœurs, avait supprimé ces passages. Le visiteur devait ignorer certaines habitudes de la régence ! Ce que la censure aurait bien dû empêcher, c'était le sirocco. Hélas ! soit impuissance, soit mauvaise volonté, elle n'avait pas songé à pratiquer cette coupure. Et il soufflait ! Température d'étuve. On restait devant les cafés, mettant la soucoupe sur les verres, pour empêcher le sable de se mêler à un breuvage déjà peu frais. Un incident, mêlé à d'autres, nous fut une distraction. De temps à autre, un chapeau volait, parcourant l'avenue. Le propriétaire courait après,... tombait... On riait... Il en faut peu pour amuser des désœuvrés. Puis, on ne se dérangeait plus; les jeunes arbis rattrapaient les chapeaux et gagnaient un soldi... Un chapeau s'envola... Valait-il plus que les autres? Je l'ignore... ce qui est certain, c'est que les arbis coururent après, se bousculèrent, et que celui qui s'empara du couvre-chef volage courut tant et si bien, qu'on ne le revit plus. Le patron du café assurait que c'était une plaisanterie et que le chapeau serait rapporté d'un moment à l'autre... Mais la plaisanterie fut longue et mauvaise, et le propriétaire dut aller en acheter un autre...

On rit toujours du malheur des autres et il est certain qu'on rit beaucoup — un peu moins, cependant — quand il fut avéré qu'il y avait véritablement vol. Mais, en ces pays, c'est là péché véniel.

La colonie, sous notre protectorat, grandit chaque jour; le commerce s'y développe, l'industrie indigène y est très active; elle trafique surtout avec la France et l'Italie, important tous les produits manufacturés, exportant des produits agricoles, céréales, huiles, laines, peaux, vins, essences...

Le Kroumir valait-il mieux que la figue de Barbarie si chère au sénateur romain? Je ne sais : il fut le prétexte de notre expédition en Tunisie et Jules Ferry eut raison de le saisir par le burnous. N'était-ce pas le complément nécessaire de l'Algérie?

A propos de l'expédition de Tunisie, une anecdote me revient à la mémoire. La voici : elle a son originalité.

Ayant des relations nombreuses en Algérie, surtout avec certains fonctionnaires pour lesquels la province de Constantine n'avait plus de secrets, j'avais questionné beaucoup, avant que l'expédition ne fût commencée. Le plan m'en fut tracé *de chic*, cela est certain, mais par un homme de sens qui démontrait par $a + b$ que la campagne devait être menée de telle ou telle façon. A cette époque, je faisais partie de la rédaction d'un grand quotidien, et je fus spécialement chargé de la question tunisienne. Oubliant l'exemple de Trochu, je ne mis pas mon plan chez un notaire, et je le publiai. Il eut un succès monstre, d'autant que, peu après, il était officiellement suivi, presque de point en point. Le journal me proposa d'aller suivre la campagne et on annonça bruyamment le départ du collaborateur qui, le premier, avait fourni le plan de l'expédition... qui... qui... Je ne quittai pas Paris, mais je ne cessai pas d'écrire sur ce qui se passait au delà de la Méditerranée. Un instant, je crus sérieusement que Méry n'avait pas émis un paradoxe quand il affirmait qu'on ne parlait jamais mieux que des choses qu'on ne connaissait pas. Et mon imagination, surchauffée par le soleil de là-bas, sans doute, me dictait des récits ou tristes, ou comiques, ou héroïques... Quelques journaux de Paris les reproduisaient, tout de suite; d'autres les reprenaient dans les journaux d'Algérie qui les avaient pris eux-mêmes dans mon journal... On rit bien souvent, en notre salle de rédaction, surtout des grands journaux riches qui, ne voulant pas nous citer, attendaient anxieusement l'arrivée des feuilles algériennes...

Une histoire, entre autres, eut un grand retentissement... J'avais fait mourir un caporal de zouaves dans des conditions dramatiques; il avait accompli des prodiges et, en rendant le dernier soupir, il avait prononcé une de ces phrases qui vouent leur auteur à l'immortalité. Quel succès! Que de reproductions! Mais, toujours, les riches confrères attendirent les journaux d'Algérie et célébrèrent à leur tour le caporal de zouaves qui, n'étant pas mort, pouvait fièrement contempler les colonnes dont il était le plus bel ornement!... Le gouvernement envoya un enquêteur à notre journal; nous maintînmes nos dires et il ne les démentit pas *pour laisser supposer que l'expédition était sérieuse et qu'il y avait des Kroumirs!...*

Voici, maintenant, l'épilogue de ma brillante campagne dè presse tunisienne à Paris. L'expédition était terminée depuis quelque temps déjà. Un matin, le directeur du journal m'appelle :

— J'ai reçu, dit-il, pour la rédaction du journal, quelques brevets en blanc; il n'y a qu'à les remplir et on est décoré de l'ordre du Nicham Iftikar. Il y a deux brevets de commandeur, l'un simple, l'autre avec plaque. Je garde celui avec plaque, voulez-vous l'autre?

— Est-ce que ça coûte quelque chose?

— Trois cents francs de droits de chancellerie.

— Eh bien, je n'en veux pas. Faites commandeur qui vous voudrez!

Le commandeur fut un employé de commerce que je rencontre assez souvent sur le boulevard et qui porte fièrement la rosette du Nicham Iftikar.

Tunis étant sous le protectorat français, devrait bien ne pas trop ennuyer les Français. Ainsi, pour affranchir une lettre, il faut un timbre particulier à la régence; la monnaie divisionnaire française n'est pas reçue, mais la *monnaie divisionnaire italienne* est acceptée par tout le monde... Et quand on part de Tunis, les tribulations ne sont pas terminées... En venant d'Algérie, à Ghardimaou, vous n'avez que de l'argent français et il faut payer avec de l'argent tunisien ; en retournant en Algérie, vous vous précautionnez de monnaie tunisienne,... on vous la refuse, la douane n'en veut pas, la douane française percevant pour la France, sur le territoire tunisien !... La chinoiserie administrative a encore de beaux jours ! Mais où la douane est incroyable, c'est quand elle vous dit, par la bouche d'un de ses agents qui n'y connaît goutte :

— Vous avez tant à payer, ou vous laisserez la marchandise...

— Mais j'ai acheté ces objets, ces foulards à Tunis...

— C'est possible, mais ces objets, ces foulards ont été fabriqués en Italie...

— Qu'en savez-vous ? On m'a affirmé, à Tunis...

— Moi, je vous le dis !... à Tunis on ne fabrique pas les objets de soie...

Les récriminations sont nombreuses, on crie, on peste ; les douaniers sont philosophes et répètent :

— Payez, ou laissez les objets...

Voilà comment on favorise les achats au pays du protectorat français !

L'on quitte sans regret Ghardimaou, sa douane et ses douaniers, et l'on revient par le même chemin. Double trajet qui a l'avantage de faire voir le pays, complètement : au retour, on admire ce que la nuit a caché à l'aller. Là-bas, les chemins de fer sont ainsi : quand on monte dans un train c'est pour la journée, jusqu'à minuit.

IV

Tout livre sur l'Algérie évoque des souvenirs cynégétiques auxquels il faut sacrifier. Mais il ne faut pas s'attendre aux émotions que causaient les récits de chasse de Jules Gérard, du général Margueritte et de bien d'autres encore. Le temps est passé où on allait, presque seul, armé d'une carabine, se mettre à l'affût pour tirer, à quelques mètres, le roi du désert. C'est que le désert d'autrefois s'est peuplé ; maintenant, et le lion, qui n'aime pas la société, a disparu, détruit par les armes modernes ou chassé par la civilisation qui a si profondément modifié, bouleversé ses cantonnements et ses repaires. Et le nemrod qui s'acharnerait à la recherche du lion serait bientôt fatigué de ses vaines investigations et se transformerait bien vite en chasseur de casquettes, s'il tenait absolument à faire parler la poudre, car ce fauve tend à complètement disparaître de l'Algérie où sa présence n'est guère signalée, et bien rarement, qu'en deux points de la province de Constantine. Et voici l'aventure qui me fut contée par un de mes compagnons de chasse.

Fermier d'une importante propriété des environs

Pur sang arabe.

de Philippeville, il rentrait chez lui, la nuit, dans une charrette anglaise, attelée d'un vigoureux mais paisible cheval arabe. Comment cela se produisit-il? Tout d'un coup, il se trouve au fond d'un ravin qui borde la route. La voiture est brisée, le cheval tremble de tous ses membres, n'a aucun mal, mais refuse de faire un pas. Le fermier ne peut rester là toute la nuit; il remonte sur la route pour se rendre compte de ce qui s'est passé. La lune éclaire et il aperçoit, majestueusement assis sur son séant, un lion qui le regarde. La rencontre est désagréable. Que faire? Fuir? c'est plus sûrement sa perte! Crânement, il fait quelques pas vers l'animal et bat des mains. Le lion se lève, lourdement, et s'en va. Il n'aime pas les applaudissements. Et notre fermier va reprendre son cheval qui, ne sentant plus le fauve, ne tremble plus, se laisse enfourcher et galope ferme vers son écurie.

— Avez-vous eu peur? avais-je demandé à mon compagnon.

— Je ne saurais véritablement dire si j'ai eu peur, mais j'aime autant ne plus revoir cet animal qui, tout de même, fut bien gentil de s'en aller.

Ceci se passait en 1895.

La panthère est moins rare, et il m'a été donné d'assister à une chasse organisée contre ce félin. On était nombreux. C'était une véritable partie de plaisir. On descendait à la station de Bordj-Sabath, sur la ligne de Bône, et l'on gagna la maison forestière de Beni-Medjeled. Le repaire de la panthère était connu. Elle se montra presque tout de suite et subit une formidable décharge des Arabes qui ne nous avaient pas attendus. Comme bien on pense, nous n'étions pas satisfaits. L'animal, grièvement blessé, se sauva; les traces de sang guidèrent les chasseurs. La recherche ne fut pas très longue et tout le monde se rendit à l'endroit d'où partaient les cris d'appel. La panthère gisait à terre ; près d'elle, un Arabe était étendu, la tête ensanglantée. La scène fut reconstituée et l'accident déterminé. L'Arabe, croyant la panthère morte, avait déposé son fusil contre un arbre et

s'était mis à la saigner avec un méchant couteau. Et le fauve, dans un dernier spasme, lui avait enlevé, d'un coup de griffe, la calotte de la tête. L'imprudente ardeur de l'Arabe avait causé sa mort !

Une autre chasse, plus banale peut-être, me tentait. Moins abondante qu'autrefois, surtout aux environs des villes, la perdrix vaut encore la peine qu'on la chasse, bien que le déplacement soit quelquefois long, toujours fatigant. Les routes et les chemins de fer ont amené la disparition du gibier. Mais quel déplacement attrayant, original, pour celui qui arrive de France !

C'est à Oued-Zenati, sur la ligne de Constantine à Bône, que nous débarquâmes. Près de cinq heures de chemin de fer pour un trajet de 68 kilomètres ! Il faisait grand jour encore et l'on chercha la combinaison la plus pratique pour la journée du lendemain. Il fut décidé qu'on irait coucher dans la montagne afin d'être plus près du terrain de chasse. Un aimable colon, M. Leca, nous offrait l'hospitalité dans une ferme qu'il possédait là-haut, à une douzaine de kilomètres, mettant à notre disposition chevaux et mulets pour nous y rendre. Et bientôt la caravane partait, traversait l'oued, passait sous le pont du chemin de fer, grimpait sur le coteau où un gros nuage s'enlevait, tourbillonnait, s'abattait tour à tour : c'était un vol innombrable de moineaux cherchant leur nourriture dans les champs de blé dont la récolte était faite depuis déjà longtemps.

L'ascension était commencée.

Depuis plus de 35 ans, je n'étais monté à cheval et, tout d'un coup, je me trouvais huché sur un beau mulet ! Il avait bon pied, bon œil, était bien sage et connaissait le chemin. Il fut sans peur et sans reproche et se guida tout seul. De temps à

autre, pour l'exciter, je criais, le plus gutturale-
ment possible : *Harri!* comme pour me persuader
que je m'assimilais l'arabe. Et le mulet hâtait le
pas qu'il ralentissait presque aussitôt, et j'étais
bercé par les mouvements de son amble régulier.

On montait, montait toujours. Il n'y avait plus
qu'un sentier de chèvres au milieu de rochers bou-
leversés. Le mulet ne trébucha pas, méritant toute
la confiance que j'avais mise en lui. Dans la campagne, en bas, les chiens hurlaient, faisaient un
vacarme épouvantable. Enfin, tout chemin mène
à Rome : nous arrivâmes à la ferme, avec la nuit.
Le fermier, un Espagnol, ne parlait pas un mot de
français. On s'expliquait par gestes. Étaient-ils
beaux ? On n'y prenait point garde.

Les provisions furent étalées sur la table et on
y fit honneur. Nous étions trois disciples de saint
Hubert. En attendant le sommeil, ou joua au whist
— il faut toujours avoir des cartes dans sa poche,
— puis l'on songea à se coucher. Le sommeil ne
vint pas, mais bien les puces, et en si grande
quantité, qu'il fallut abandonner nos lits où ces
insectes, en escadrons pressés, se livraient à de
véritables manœuvres de corps d'armée. Et le
whist reprit, jusqu'au boute-selle. Trois heures du
matin. Chevaux et mulets sont là, avec des Arabes
pour nous guider. La nuit est superbe, la lune

éclaire comme en plein jour. Au moment où je mets le pied à l'étrier, le mulet tourne brusquement tête sur queue et je m'étale par terre, au milieu des cailloux. Un accident, déjà! Pour des gens superstitieux, la chasse devrait être finie avant d'avoir commencé. Je me tâte, on me tâte : rien de cassé, ni bras, ni jambe, ni fusil. Mon casque a amorti la chute. Le mulet n'a pas bougé, je l'enfourche et nous voilà partis. L'animal est tranquille. Il paraît qu'avec le clair de lune mon fusil a produit une ligne verticale contre le mur blanc et qu'il a craint d'être frappé avec une gaule! Effet de lune auquel on ne pouvait s'attendre.

Au jour, on met pied à terre : pendant plusieurs heures, on n'a rien vu que quelques vautours qui tournoient hors de portée. Je commençais à croire à une mystification. Les montagnes, les coteaux, les ravins, tout est aride, sec, nu. Où se tiendrait le perdreau s'il y en avait? Mes deux compagnons de chasse ont, à Constantine, une réputation si bien établie que cela me rassure : ce sont les deux meilleurs fusils de la ville. Personne n'a étrenné. Les petits bergers répondent : « *Maċach hadjela!* Pas de perdreaux » : c'est désespérant. Un jeune arbi arrive; ses yeux brillent, c'est un passionné de la chasse. Il entend chanter les perdreaux.

J'écoute : un cri assez semblable à celui de la sauterelle arrive jusqu'à nous. C'est ça, le chant du perdreau? Il n'a rien de commun avec le chant si sonore de notre perdreau rouge et, pour un peu, j'allais croire à une seconde mystification. Mais il n'y a plus à douter, la preuve est là, palpable : la première victime vient de tomber. Et le jeune arbi d'affirmer : « *Hadjela bezzef!* Beaucoup de perdreaux », qu'il nous montrera si on le paie bien. Il aura 2 ou 3 francs, s'il nous conduit au bon endroit. Il est neuf heures. Le soleil chauffe dur. Qu'importe, on repart de plus belle et bientôt la fusillade bat son plein. L'Arabe est content; il court ramasser le gibier. Nous sommes près des sources bien timides où vont boire les perdrix et où se couchent les chiens, tirant une langue démesurée. Et à onze heures, à l'ombre d'un rocher dont la silhouette s'allonge jusqu'au ruisseau bordé de lauriers-roses sauvages, nous déjeunons. Il y a 25 perdreaux au tableau : notre cicerone promet mieux pour l'après-midi. Et il montre le nid des hadjela, de l'autre côté du ravin. Bientôt il aperçoit, sortant des rochers, plusieurs compagnies de perdreaux allant à la fontaine, comme Marguerite. Cette vue ranime le courage, on prépare des cartouches. En route.

Pendant trois heures la fusillade continue et quand

il faut songer à regagner la ferme, le tableau accuse 75 perdreaux dont on passe la tête dans des courroies ad hoc. La brochette est longue : elle fait le tour de deux mulets. C'est la façon de porter le gibier, en Algérie, et c'est la meilleure. Autrement, il se faisanderait si on l'entassait dans des filets, tant il fait chaud. Par lui-même, du reste, le perdreau sent fortement le sauvage : il a la viande noire.

Je n'avais pas été mystifié, mais, vraiment, je ne pouvais supposer qu'il y avait tant de perdreaux dans un pays si nu et, surtout, je ne pouvais supposer qu'ils tinssent à l'arrêt des chiens. Là-bas, généralement, la perdrix court peu ou pas du tout et on la trouve là où elle s'est posée, tout surpris d'être obligé de faire beaucoup de bruit ou de cogner pour la faire lever. J'avoue l'étonnement d'un chasseur qui, comme moi, dans notre beau Périgord, suivait durant des heures entières des perdreaux rouges sans en pouvoir aborder un seul.

Sur d'autres points, cependant, j'ai vu des perdreaux courir beaucoup et se dérober aisément au chasseur. Mais c'est surtout là où il y a des arbres, chênes verts ou oliviers : ils courent d'abord et se perchent ensuite. La chasse est généralement peu fructueuse ; elle est, toutefois, ori-

En chasse.

ginale. Des Arabes, à cheval, suivent les perdreaux pour les voir se poser, puis ils cognent sur l'arbre pour les faire partir dans la direction du chasseur. Il est néanmoins préférable de chasser sur les terrains nus, rocailleux, où daigne pousser le diss, espèce d'herbe blanche et jaune, pas très haute, dont les touffes ressemblent assez à des bouquets de joncs.

On ne manquera pas de se demander comment il peut y avoir encore autant de perdreaux, alors qu'il est si facile de les tuer. En principe, l'observation est fondée. Mais quand on connaîtra les difficultés du déplacement, l'éloignement du terrain de chasse; quand on saura qu'après quelques vols, le perdreau se fourre dans des ravins inabordables, dans des rochers où ni hommes ni chiens ne le peuvent déloger, on comprendra qu'il reste de la graine pour l'année suivante. Puis, on manque aussi, surtout quand l'oiseau part sur le bord d'un mamelon et se laisse tomber pour prendre son vol circulaire et vertigineux. De plus, il fait chaud, très chaud; on chasse peu à l'ouverture et il faut être courageux pour se mettre en route.

Du reste, je vais résumer, pour des collègues en saint Hubert, notre déplacement : grimper en chemin de fer vers midi, en descendre vers cinq heures; monter à cheval, faire une douzaine de kilomètres dans la montagne; se coucher, mais ne pas dormir; remonter à cheval à trois heures du matin, en redescendre après avoir fait une autre douzaine de kilomètres; se mettre en chasse au jour, jusqu'à trois heures, avec le seul intervalle du déjeuner et sous un soleil que n'obscurcit aucun nuage; remonter à cheval pour regagner la ferme, puis la station d'Oued-Zenati — et par quels chemins, la nuit! — et, de là, Constantine où l'on arrive à minuit. Joignez à cela les précautions à prendre : le matin et le soir, il faut avoir des vêtements d'hiver tant est vive la fraîcheur, et la journée, si on l'osait, vous trouveriez à peine supportable, tant la chaleur est forte, le costume du père Adam dans le paradis terrestre.

Voilà, n'est-il pas vrai, une journée bien remplie? On a véritablement conquis son plaisir. Il est bon d'ajouter que la nuit, au retour, on a un étrange coup d'œil. Partout un peu, sur les coteaux, presque sur la montagne, de grands feux symétriques illuminent l'horizon. On entend le crépitement de la flamme qui s'étend en longues lignes droites et parallèles. On dirait le campement d'une nombreuse armée! Ce sont, simplement, les Arabes qui brûlent les chaumes où ils récoltèrent le blé : le feu aura plus vite labouré leurs champs, et les herbes et la paille auront plus vite disparu ; ils auront moins de peine, eux, pour ensemencer des terres ainsi nettoyées !

Une des plus jolies excursions de Constantine, est celle du Hamma, à 7 kilomètres, sur la route de Philippeville. C'est le Robinson des Constantinois. Il y a d'abondantes sources thermales ; la végétation est luxuriante, grâce aux irrigations, et sous les grands arbres formant un berceau où pénètre difficilement le soleil, on fait de délicieuses parties champêtres. A une certaine époque, la villégiature s'agrémente d'une chasse particulière, peu dangereuse et point fatigante. On peut chasser dans un fauteuil. Par exemple, il faut être matinal et monter en voiture bien avant le jour, afin d'être à son poste aussitôt qu'on y peut voir tirer. Très friandes de cette distraction, autant que du gibier tué, les dames accompagnent les chasseurs, apportent le déjeuner qu'elles préparent pendant que dure le massacre. Car c'est bien un massacre, quand le passage en vaut la peine. On tire sans désemparer sur les becfigues qui se posent sur les lentisques et les jujubiers, au-dessus de votre tête, et tombent, aussitôt ramassés par des enfants arabes que les premiers coups de feu ont attirés. L'Arabe marche toujours au canon, même de petit calibre : il aime la poudre.

Cette petite guerre dure environ deux heures. Les dames, tenues à l'écart du champ de bataille (elles parlent trop), dévastent les potagers arabes où elles font ample moisson de jeunes pointes de citrouilles. Si le propriétaire les surprenait! *Choup! Choup!* Mais le fidèle Bachir les protège!

Puis l'on déjeune, par terre. Une source limpide murmure près de vous. Les jeunes arbis font cercle. Par curiosité? Peut-être, mais sûrement avec un but inavoué. On leur donne les becfigues à plumer. Ils en plument quelques-uns, en volent davantage. Et quand on repart, qu'il faut fermer le panier de provisions, la tringle avec son petit cadenas a disparu. Elle est en cuivre; elle brille; on l'a crue en or et on l'a volée. Bien entendu les enfants ne l'ont pas vue, mais Bachir, l'adjoint indigène du Hamma, n'a aucune inquiétude. Il la retrouvera.

— Tu sais, madame, t'inquiète pas... les petits Arabes l'ont volée, ils la rendront... tu l'auras demain matin...

Et le lendemain, à l'heure dite, Bachir apportait la tringle. Comment avait-il procédé? Bien simplement. Il avait fait savoir dans le village qu'il « matraquerait » tous les enfants tant qu'on n'aurait pas retrouvé l'objet perdu. Cela avait suffi. La punition collective est la plus efficace en Algérie!

Autrefois, l'autruche était très commune aux environs de Biskra, à la porte du Sahara. Le commerce des plumes en était très productif et on ne voit pas pourquoi on ne se livrerait pas de nouveau à l'élevage de l'autruche barbaresque dans ce coin de nos possessions algériennes. Biskra qui, grâce à ses hiverneurs et à son exportation de dattes, est devenu un centre très florissant, ne pourrait qu'en tirer grand profit. Et chacun sait combien est importante une industrie dont le chiffre d'affaires dépasse annuellement 100 millions. En faisant la domestication de l'autruche, chez nous, nous serions un peu moins tributaires des Anglais. Voici ce que dit à ce sujet le *Moniteur officiel du Commerce :*

Les Algériens, dont le pays se trouve dans des conditions aussi favorables, devraient s'occuper sérieusement de l'élevage de l'autruche et relever la France du tribut qu'elle paye à ses concurrents. Les frais de premier établissement sont insignifiants et la production pourrait être favorisée en France par un droit. L'exportation des œufs d'autruche n'est plus interdite au Cap, et on peut s'y procurer des œufs sans difficulté.

Quand donc deviendrons-nous pratiques et tirerons-nous parti de nos colonies?

Quoi qu'il en soit, il faut aller loin, aujourd'hui, pour chasser l'autruche et ce n'est qu'en s'enfonçant assez dans le Sahara qu'on pourrait en courir une. Le Targui se livre avec passion à cette chasse, tant pour la dépouille que pour le plaisir. Ce sport est, du reste, fort intéressant et se pratique de deux manières : à cheval et à l'affût, mais la véritable chasse, la plus entraînante, a lieu à cheval. Elle demande une assez longue préparation, beaucoup de fatigue et d'habileté. Il faut un dressage particulier et un entraînement plus ou moins long, selon le cheval qu'on a et qui est soumis à un régime particulier : suppression entière, dans sa nourriture, de la paille et de l'herbe; il ne mange que de l'orge et ne boit qu'une fois par jour, vers le coucher du soleil, quand l'eau devient un peu fraîche. Puis, les promenades quotidiennes se font avec tout le harnachement nécessaire à la chasse. Après une huitaine de jours de ce régime, le ventre du cheval disparaît, il ne reste en chair que son poitrail, son encolure et sa croupe. Et c'est au moment le plus chaud de l'année que la chasse se fait, parce que l'autruche perd un peu de sa vigueur. Véritable campagne qui demande des préparatifs sérieux et une réunion de huit à dix cavaliers. Chaque cavalier est accompagné d'un domestique monté sur un chameau qui porte les provisions et, surtout, des outres pleines d'eau. Pour toute arme, le chasseur n'a qu'un bâton d'olivier sauvage, long de 4 à 5 pieds et se terminant par un bout pesant : le costume est aussi léger que primitif.

Pour connaître le cantonnement des autruches, on se renseigne auprès des voyageurs et des caravanes; quelquefois, à certaines saisons, le cri du mâle révèle leur présence, et certains affirment que ce cri ressemble un peu au rugissement du lion. Ces oiseaux se trouvent généralement dans les endroits où il y a beaucoup d'herbe, où la pluie est tombée depuis peu; on assure qu'ils courent vers l'orage, dès qu'ils aperçoivent un éclair, eussent-ils des lieues à parcourir.

Lorsque les chasseurs se trouvent à une petite distance de l'endroit signalé, ils campent et envoient deux domestiques qui, avançant avec des précautions infinies, reconnaissent le terrain et se couchent dès qu'ils ont éventé les autruches, qui ont l'ouïe très fine si elles manquent d'odorat. L'un d'eux va avertir les cavaliers, qui se mettent aussitôt en route et enveloppent les autruches vers lesquelles marchent directement les domestiques. Effrayés, les oiseaux s'enfuient, reviennent sur leurs pas, se divisent, ouvrant leurs ailes, signe de fatigue. Alors chaque cavalier s'attache à une autruche, la poursuit, finit par l'atteindre et lui assène sur la tête un coup du bâton qu'il a en main. La tête chauve étant très sensible, l'animal tombe et le cavalier saute à terre pour le saigner, en prenant bien garde que le sang ne touche les ailes. La poursuite est souvent longue, l'autruche suivant presque toujours la direction

Chasse à l'autruche.

prise au lancer; pour la forcer, il ne faut pas lui laisser reprendre haleine. Puis elle se défend dans sa course, en décrivant des cercles ou en filant d'une seule traite : sur le point de se rendre, elle jette, de ses robustes pieds, des pierres derrière elle, mais ces projectiles inoffensifs arrivent rarement à destination. Bientôt elle est prise, saignée, écorchée : c'est une nouvelle victime de la mode et du plaisir !

Pour mémoire, nous citerons la chasse avec les lévriers : elle est fatigante, moins longue, mais moins lucrative : le sloughi abîme les plumes !

La chasse à l'affût est productive, mais peu intéressante. On va aussi en reconnaissance, on s'embusque à portée de la source où l'autruche vient boire ou bien en un point vers lequel on rabat les oiseaux.

Le Targui a un système plus original. Quand il a découvert l'endroit où les autruches ont fait leur nid, il s'en approche avec précaution; si c'est la femelle qui couve, il s'avance sans se cacher, jusqu'à une vingtaine de mètres, creuse un trou de sa hauteur, le recouvre d'herbes, y descend, s'y blottit, ne laissant au dehors que son canon de fusil.

Ce travail a effrayé la femelle qui vient rejoindre le mâle, comme pour lui demander aide et protection, mais ce potentat ne veut rien comprendre, la bat et l'oblige à retourner à son nid. Elle revient et on ne l'effraye plus : c'est le mâle qu'on attend et qu'on veut! Il finit par arriver, prend la place de l'épouse; mais, dans sa position pour couver, ses cuisses repliées sur ses jarrets sont très visibles et sont bientôt atteintes et brisées par la balle du chasseur qui évite de toucher le corps. Si le coup a porté juste, on saigne l'animal, on répare le désordre causé et, le soir, quand la femelle reprend sa place, elle subit le même sort.

Le nid d'un couple ordinaire contient vingt-cinq à trente œufs (1); il arrive, cependant, qu'un nid énorme a servi à plusieurs couples qui y ont pondu en commun, et qu'on y trouve parfois plus de cent œufs. Dans ce cas, les œufs de chaque couple, réunis en tas, sont toujours surmontés d'un œuf en évidence, le premier pondu, qui a une destination spéciale. Si bien que, l'éclosion venue, le mâle, sentant bouger le poussin dans l'œuf, le casse et pratique en même temps une petite ouverture dans l'œuf qui est au-dessus du tas et, ainsi, sert de nourriture aux poussins. Le premier œuf, admirable précaution de la nature, est toujours liquide!

On s'empare aisément des poussins qui s'apprivoisent sans difficulté et jouent, peu de temps après, avec les cavaliers et les chiens.

Le touriste proprement dit, qui suit un itinéraire

(1) Un œuf d'autruche est considéré comme l'équivalent de vingt-deux œufs de poule.

bien défini, ne voit pas de gibier ou très peu, mais un véritable chasseur qui ferait un déplacement spécial de chasse d'un mois ou deux en Algérie, ne craindrait pas la fatigue et aurait quelques relations, celui-là ne perdrait pas son temps et brûlerait encore beaucoup de cartouches. Car, en dehors du gibier d'exception, l'antilope, la gazelle, le mouflon, la grande outarde, on rencontre la petite outarde (canepetière ou poule de Carthage), la bécasse qui passe comme en France, la perdrix rouge, le lièvre, le lapin, la caille, le pigeon etc... et, selon la saison, les endroits plus ou moins bien choisis, le résultat est plus que satisfaisant. Il y a aussi de belles chasses à faire au marais et celui-là est un privilégié qui peut abattre un flamant pour en orner sa panoplie. Mais le plus simple, quand on tient à se procurer ce bel oiseau, c'est de s'adresser à un braconnier arabe qui ira à l'affût, plongé dans l'eau, jusqu'à ce qu'il ait réussi. Comme récompense, donnez-lui une boîte de poudre de 24 sous; il la préférera à plusieurs pièces blanches, c'est que l'indigène n'a pas le droit de porter une arme, ni d'avoir de la poudre. Ceci explique cela. Et il faut voir à quels salamalecs se livrent les jeunes arbis pour obtenir une cartouche!

La chasse est certainement un plaisir pour celui qui en peut supporter la fatigue : elle a un autre

avantage : elle permet de mieux voir le pays, de
mieux observer, de se mieux renseigner. En con-
tact familier avec les colons, avec les fonctionnaires heureux de causer avec vous de la mère-
patrie, avec les Arabes qui s'a-
bandonnent un peu, on obtient des rensei-

Armuriers arabes.

gnements que ne se procurera jamais le voyageur investi d'une mission qu'on sait officielle.
Et c'est de ces conversations multiples, à bâtons
rompus, insignifiantes souvent et la plupart du
temps contradictoires, qu'on arrive à se faire une
opinion plus juste de ce qu'on avait jugé par les

livres ou par les confidences de gens intéressés à vous présenter les choses sous un jour différent. Les petits côtés d'une grave question sont quelquefois les plus précieux auxiliaires pour arriver à connaître ce qu'on se plaît à vous dissimuler, sous prétexte que la chose est compliquée, que d'autres n'y ont pas vu clair avant vous et que c'est par une vue d'ensemble qu'il faut trouver une solution.

Vêtu en chasseur, votre qualité officielle disparaît, et vous voyez l'Arabe, non pas tel qu'il est — on ne le voit jamais ainsi — mais plus naturel et, partant, plus porté à répondre. C'est tout ce qu'on peut souhaiter de gens méfiants à l'excès et passés maîtres dans l'art d'envelopper leurs pensées dans une phraséologie imagée et mystique et qui parlent pour ne rien dire. Avec de la patience et de la mémoire, on parvient à se « faire une opinion », mais il ne faudrait pas trop se hâter de conclure et de se croire détenteur de l'unique vérité.

V

PROJET DE CRÉATION PROFESSIONNELLE AGRICOLE POUR LES ENFANTS ASSISTÉS DU DÉPARTEMENT DE LA SEINE. — CRÉATION DE LA FERME — ÉCOLE DE BEN-CHICAO. — FAUSSES MANŒUVRES; ABSENCE DE SURVEILLANCE; TOUT MANQUÉ. — AVENIR DE LA COLONIE COMPROMIS.

Le Conseil général de la Seine et le Conseil municipal de Paris se sont toujours préoccupés des questions d'assistance. Ils ont pensé qu'ils ne feront jamais assez pour soulager et protéger ceux qui, déshérités de famille et de biens, ont besoin de n'être pas abandonnés. La tâche est lourde et difficile, mais ces deux assemblées n'ont jamais perdu de vue leurs devoirs et ce sera leur honneur d'avoir sans cesse cherché à bien faire, à mieux faire, sans se laisser arrêter par des récriminations parfois justifiées — il est humain de se tromper — mais par des récriminations émanées de gens qui se gardaient bien d'indiquer un système meilleur et se contentaient de grossir la galerie de ceux qui regardent et critiquent sans jamais se mettre à l'ouvrage.

Vaut-il mieux ne rien faire que de tenter, avec les aléas que comporte toute entreprise, une œuvre utile, dût cette œuvre ne pas être parfaite du premier coup? Tout est perfectible, le progrès ne s'arrête pas et l'expérience arrive qui démontre l'erreur et permet de l'atténuer ou de la réparer. Celui qui ne marche pas, court le risque de ne plus pouvoir se servir de ses jambes quand il croira le moment venu de se mettre en mouvement; il n'aura plus que la ressource de blâmer ceux qui ont marché, trop vite peut-être, comme si, s'étant mêlé à leur marche en avant, il n'aurait pas pu modérer leur allure et atteindre, avec eux, un but qu'il ne voit pas, n'ayant rien fait pour l'apercevoir.

Nous pensons que rester stationnaire, c'est reculer, et qu'il est préférable de se mêler au mouvement qui nous pousse à rechercher les solutions destinées à aider et à relever ceux dont la fortune a trahi les efforts, ceux qui souffrent, ceux qui, abandonnés, livrés à eux-mêmes dans la vie qui leur est à charge, demandent qu'on leur tende la main.

Gambetta disait : « Il n'y a pas de question sociale, mais des questions sociales. »

Rien n'est plus vrai. Embrasser d'un seul coup la question sociale, ce serait vouloir tout mêler, tout bouleverser, partant faire échouer les idées les plus utiles et les plus généreuses. Aussi bien « les réformes sociales ne se termineront jamais. Un progrès une fois atteint, on commence à entrevoir les progrès nouveaux à réaliser ». Croire que les réformes sociales se terminent, ce serait prendre l'horizon pour les bornes du monde. Je ne sache pas qu'on puisse se méprendre à ce point-là.

C'est imbu de ces idées que le docteur Thulié, conseiller municipal du seizième arrondissement et conseiller général de la Seine, s'était adonné avec passion aux questions d'assistance. Il avait déjà beaucoup fait pour l'enfance et pensait qu'il y avait encore beaucoup à faire. Avec lui « les réformes dans l'assistance ne se termineraient jamais » et il mettait son cœur et sa grande compétence au service de la cause de l'enfance dont il voulait sans cesse améliorer le sort.

Depuis longtemps, il avait songé à l'Algérie et mûrement étudié le projet qu'il caressait.

La situation d'un grand nombre d'enfants assistés de la Seine dans les circonscriptions de province, écrivait-il, a frappé les gens trop rares qui connaissent ce service. Certains de ces enfants trouvent une famille dans la fa-

mille de leur nourricier et grandissent entourés d'affection
et de tendresse. Il n'en est pas ainsi pour tous, hélas! et
je me demandais souvent si l'on ne pourrait pas donner aux
infortunés qui n'avaient pas été favorisés par le hasard du
placement, une compensation, en admettant toutefois que
l'absence d'affection puisse en trouver une qui leur rendît
la vie plus facile et moins amère.

La pénurie d'Européens, et surtout de Français, dans
notre France africaine, me fit penser que les malheureux
que rien ne retenait sur le sol natal, pourraient aller dans
ce pays splendide faire souche, en bénéficiant des concessions de terre que l'on a distribuées si longtemps au
hasard, bien souvent à de purs spéculateurs, plus souvent
encore à des incapables.

L'idée était loin d'être neuve, d'ailleurs; cette combinaison avait été présentée par beaucoup d'esprits généreux et par des économistes clairvoyants. Mais rien n'avait
été sérieusement fait et, naturellement, aucune tentative
n'avait survécu. Je parlai de ma préoccupation à l'Assistance publique : ma proposition fut repoussée avec
politesse, mais avec une fermeté qui ne me permettait pas,
si le Conseil général, adoptant mes vues, lui en imposait
l'application, d'espérer un essai... comment dirai-je ?...
loyal?... non, mettons probant. Il est impossible qu'une
administration dépense tout le zèle et tout le dévouement
nécessaires à faire réussir un projet, quand, d'avance, elle
regarde son succès comme impossible à réaliser.

Les convictions profondes ne s'évanouissent pas
au premier échec. Le docteur Thulié propageait
ses idées, entretenait souvent ses collègues, plus
particulièrement versés dans les questions d'assistance, de l'utilité de la création d'une école profes-

Ferme-école de Ben-Chicao.

sionnelle agricole en Afrique, insinuait son projet autour de lui, faisant des adeptes. Bientôt il crut tenir le succès. M. Michel Moring, « administrateur aussi audacieux qu'intelligent et habile », était devenu directeur de l'Assistance publique. L'occasion paraissait propice. Le docteur « lui posa nettement la question en esquissant succinctement un plan d'organisation ». M. Moring refusa, objectant, après tant d'autres, l'échec de l'abbé Brumauld qui, en 1852, avait fait un essai avec des enfants pauvres de Paris et des enfants assistés de la Seine. A quoi attribuer l'échec? On ne le disait pas et on n'en recherchait pas les causes. M. Thulié ne se tint pas pour battu. Quand on a un but déterminé et qu'on veut prendre une place, on devient stratège. L'honorable conseiller général fit le siège de l'Assistance publique, par échelon. Il lui fallait quelqu'un dans la citadelle pour lui en ouvrir les portes : M. Brueyre, directeur du Service des enfants assistés, « sans la bonne volonté duquel rien ne pouvait réussir », fut ce quelqu'un qui, dit M. Thulié, « ne tarda pas, ses informations prises, non seulement à se ranger à notre avis, mais encore à s'enflammer pour la réussite de notre projet, et il en poursuivit avec nous l'exécution » (1).

____

(1) Dr H. Thulié : *Colonisation par les enfants assistés.*

Le docteur Thulié profita de sa conquête, n'hésita plus à porter sa proposition devant le Conseil général de la Seine et, dans la session de 1882, la commission compétente l'adopta.

C'était partie gagnée.

Dans son très remarquable rapport sur le Service des enfants assistés, le docteur Thulié posa les bases du projet de colonisation en Algérie. Il ne se dissimulait pas que cette organisation serait « sans doute difficile et demanderait beaucoup de ténacité et, au début, de l'argent ». Mais le but à atteindre était grand et humanitaire et le Conseil général de la Seine ne devait pas hésiter à tenter l'entreprise. Quelques extraits montreront quels étaient les sentiments du rapporteur :

Et je ne parle même pas de ces parties de l'Afrique jusqu'ici inconnues, dont les splendeurs se déroulent depuis 30 ans sous les yeux du monde étonné ; je ne pense qu'à nos possessions algériennes si rapprochées de l'Europe, et cependant si lentement peuplées d'Européens, touchant pour ainsi dire à la France, et où se rendent des Italiens, des Espagnols, mais trop peu de Français.

Il serait cependant, je ne dis pas seulement heureux, mais absolument indispensable d'implanter de nos nationaux sur ce sol, des hommes de notre sang, nés dans la mère-patrie et imbus de nos traditions ; pour l'avenir de notre colonie, il faudrait, à côté des Arabes, des Kabyles, des Italiens et des Espagnols, installer des Français de France ; et serait-il donc impossible, en donnant des Français à la colonie, de donner en même temps une petite fortune à chacun de nos enfants abandonnés, aux enfants de la patrie?

Je ne crois pas, et le département de la Seine pourrait faire cette bonne action et donner ce bon exemple.

L'idée de coloniser l'Algérie par les enfants abandonnés et par les orphelins pauvres s'est naturellement présentée à beaucoup d'esprits. Le maréchal Bugeaud, le grand organisateur, n'avait pas seulement pensé à ce moyen de colonisation, il l'avait proclamé l'un des meilleurs et s'était appliqué à aider la seule tentative faite. Plus tard, des théoriciens avaient repris l'idée de cet homme pratique : vers la fin de 1852, Édouard de Tocqueville publiait une brochure intitulée : *Des enfants trouvés et des orphelins pauvres comme moyen de colonisation de l'Algérie.*

En 1839, Dupuch, le premier évêque d'Alger, avait voulu installer un orphelinat, mais n'avait pu mettre son projet à exécution; en 1842, l'abbé Brumauld réalisa ce qu'avait essayé l'évêque Dupuch et fonda à Boufarik un orphelinat pour les enfants d'Algérie. Le maréchal Bugeaud affirmait que ces institutions, en faisant pour ce pays des agriculteurs et des ouvriers habitués au climat, étaient un élément indispensable de colonisation. Ce ne fut qu'en 1851 que l'abbé Brumauld, voulant augmenter le nombre de ses orphelins, proposa à l'Assistance publique de lui envoyer des enfants assistés. Cela ne marcha pas tout seul, l'Assistance publique demandant des garanties pour le présent et l'avenir. Mais le gouvernement s'en mêla, des promesses furent faites, cent enfants furent expédiés en Algérie et si l'essai ne fut pas heureux, pour des raisons qu'il serait trop long d'énumérer, du moins il démontra « que l'acclimatement des jeunes Français est on ne peut plus facile en Algérie ».

Le rapporteur avait placé son projet sous de hauts patronages et avait cité les précédents. Il concluait :

Votre commission croit qu'il serait prématuré de faire un plan complet, avant d'avoir toutes les informations nécessaires ; elle vous propose seulement de demander à l'Administration de l'Assistance publique d'étudier attentivement un projet de colonisation algérienne pour nos enfants assistés, et de la préparer avec autant de détails et de précision que s'il devait être appliqué dans un prochain exercice.

La Commission, toutefois, indiquait certaines conditions qui serviraient de base au projet, conditions excellentes, prévoyantes, pratiques et sages dont, plus tard, l'application...

La question était nettement posée : elle n'était pas résolue. Les conclusions du rapport furent adoptées ainsi que la mise à l'étude immédiate du projet de colonisation qui comptait dans l'assemblée départementale, aux antipodes de l'opinion politique, de sérieux adversaires.

La commission d'études se mit aussitôt au travail, mais quand il s'agit de nommer la commission qui devait aller en Algérie se renseigner et faire choix du terrain, M. Joffrin, collectiviste-possibiliste, s'écria :

Il s'agit de créer une colonie de petits orphelins. C'est une véritable manie de transportation. De même que l'on veut transporter les adultes, on transporte les petits (1). D'un autre côté, au point de vue de la moralité, je trouve dangereux de confier les enfants aux colons.

Et M. Édouard Hervé, membre de la droite, ajoutait :

— Ce serait des récidivistes par anticipation !

Le Conseil général passa outre et nomma la Commission. Celle-ci se réunit souvent, rassembla de nombreux documents et chargea le directeur de l'assistance publique de faire connaître au Gouverneur général de l'Algérie le projet du Conseil général de la Seine et de lui demander quelques renseignements propres à éclairer la Commission dans l'élaboration du plan d'études et d'itinéraire que devait suivre une sous-commission qui avait pour mission d'aller en Algérie prendre sur place toutes les informations et tous documents nécessaires.

(1) C'était au moment où se préparait la loi sur les récidivistes (Séance du 9 mars 1883).

La période de préparation était commencée. Elle débutait presque comme une idylle.

Les délégués de la Commission spéciale, MM. Yves Guyot et Curé, membres du Conseil général, et Brueyre, chef de la division des Enfants assistés, partaient pour l'Algérie au mois d'avril 1883. Peu après, M. Yves Guyot écrivait au docteur Thulié :

Nous n'avons pas perdu notre temps. Nous avons fait une enquête très complète sur l'état de la culture dans la province d'Oran — sauf Tlemcen qui, paraît-il, est cepen - dant fort intéressant — et dans la Mitidja. ⟨

Nous revenons avec des renseignements suffisamment précis pour servir de base de discussion. La commission trouvera sa besogne toute préparée quand elle viendra faire son étude sur place.

. . . .

M. Brueyre reviendra le premier à Paris, se fera un premier projet de rapport, Curé et moi le compléterons et puis le présenterons à la Commission. Vous ne pouvez guère compter l'avoir avant la fin du mois ou les premiers jours de juin, car il sera assez long. Nous vous avons envoyé une branche d'oranger en fleurs, coupée dans la propriété de M. Alquier, à Blida, je ne sais si les fleurs sont arrivées en bon état. Ne goûtez pas l'orange, car les orangers qu'on cultive pour la fleur ne pro - duisent pas d'oranges comestibles.

Le docteur Thulié ajoute :

La branche de Blida arriva à bon port, les fleurs d'oranger en mauvais état comme c'était prévu, et les fruits

encore moins amers que mes regrets de n'avoir pu être de
ce voyage si rempli par le travail et si attachant par le but
poursuivi.

La délégation mettait des fleurs d'oranger
dans le projet d'union du Conseil général de la
Seine avec l'Algérie pour la création d'une colonie
agricole, mais les fleurs s'étaient vite fanées. Le
docteur Thulié ne vit pas là un mauvais présage :
il n'était pas fataliste et, de plus, trop convaincu,
il ne voulait pas douter de la réussite de l'entreprise à laquelle il pensait depuis si longtemps.

Du reste, rien, à ce moment-là, ne pouvait
amener la désespérance. La délégation arrivait
avec un rapport très complet, très consciencieux
et très remarquable, qui accusait un travail considérable. La question était étudiée sous toutes ses
faces ; les avantages et les inconvénients étaient
mis en évidence et la conclusion mérite d'être citée
in extenso :

La Commission a maintenant sous les yeux tous les éléments d'information désirables. Les côtés brillants de
l'œuvre et ses difficultés lui apparaissent nettement. Les
concessions de terres qui nous seront faites, le développement de la culture de la vigne en Algérie et les bénéfices
qu'il est possible d'en retirer, peuvent permettre la réalisation d'une œuvre qui serait un bienfait inespéré pour les
enfants et un moyen restreint, mais excellent, de colonisation. Mais il ne faut pas perdre de vue non plus les mau-

vaises chances possibles de la culture de la vigne et de la
fabrication du vin, la difficulté de trouver le directeur et
le chef d'exploitation à la hauteur de la tâche et le peu
d'aptitude d'une administration à faire œuvre commerciale.
En administration, comme en art militaire, un plan ne
vaut que par l'exécution. Ce sera notre dernier mot
comme le résumé de notre opinion.

Il ne s'agissait plus, maintenant, que d'entrer
résolument dans la période de préparation sérieuse,
raisonnée, pratique, période véritablement prépa-
ratoire de la réalisation du projet. Le Conseil général de la Seine, dans sa 3ᵉ session de 1882, avait
adopté, en principe, les bases proposées par
M. Thulié pour la fondation d'une école algérienne pour les enfants assistés. Les voici, briève-
ment énumérées :

1° Les enfants seront choisis parmi les garçons et filles
de 12 ans, afin qu'ils soient assez jeunes pour que leur
acclimatement soit facile, et assez âgés pour pouvoir être
soumis, en arrivant, aux travaux de culture. Ils devront
être pris parmi les plus intelligents et les plus travailleurs.
Ils recevront, à l'école, outre l'enseignement agricole professionnel, un des états qui se rattachent à l'agriculture :
forgerons, tonneliers, etc...

2° Les enfants qui seront envoyés en Algérie, dans la
future école, doivent être certains à leur sortie, non pas
seulement de trouver une occupation manuelle chez les
cultivateurs de la colonie, mais bien de devenir propriétaires d'une terre capable de les faire vivre, eux et leur
famille. « Dès son départ de France, l'enfant aurait une

concession ; ce serait une dette de la mère-patrie, dont on ne pourra les spolier sous aucun prétexte. »

3° Les propriétés qui seront concédées aux jeunes colons devront être voisines les unes des autres, afin qu'ils puissent s'entr'aider dans la vie, faire de la culture en commun, comme au temps où ils étaient élèves. Les concessions entoureront le village qui comprendra l'école, les ateliers et les habitations.

4° Il sera fondé dans la colonie une école de filles où seront enseignées : la couture, la cuisine, la comptabilité ; chacune aura sa semaine dans les travaux généraux de l'intérieur : lingerie, cuisine, soins des bestiaux et de la basse-cour, travaux des champs habituels aux femmes. Elles auront, comme les garçons, droit à leur part de terre et aux livrets de caisse d'épargne résultant de leurs économies.

La Commission pouvait donc opérer, maintenant, en connaissance de cause, la délégation lui ayant préparé les voies conduisant à une solution. La situation se présentait sous un aspect favorable : on était persuadé, presque certain, que deux concessions importantes seraient accordées par le Gouvernement général pour la fondation, en Algérie, « d'établissements utiles pour un certain nombre des enfants assistés du département de la Seine ».

Cette Commission accomplit sa mission avec zèle et compétence, parcourant les trois provinces pour « se livrer à une enquête dans laquelle chacun

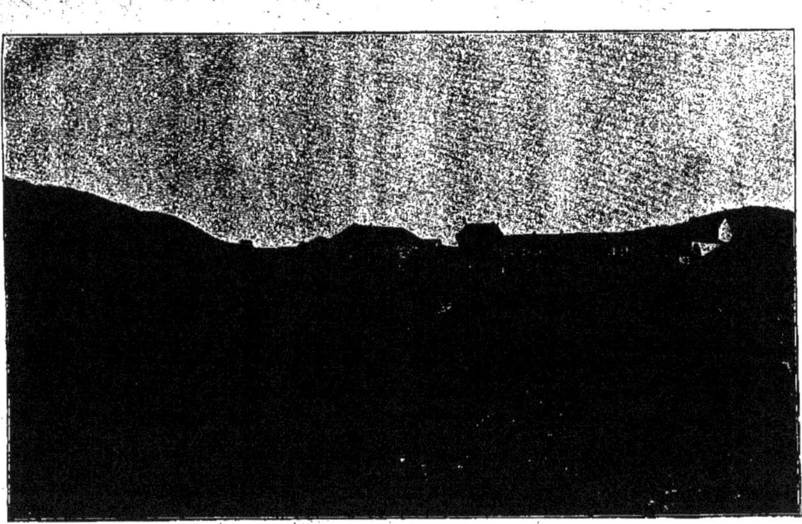

Vue des bâtiments de Ben-Chicao.

émettrait, au fur et à mesure qu'elles se produiraient, ses impressions et ses opinions » qui furent consignées dans un journal de voyage déposé aux archives du Conseil général. Son rapport, du 22 novembre 1883, très complet, contient de très utiles et intéressants renseignements. Il contient aussi une série de remarques qui avaient une importance capitale au point de vue du climat, de la situation des terres, de la culture... Et c'est dans les départements d'Alger et de Constantine que les concessions devaient être accordées au département de la Seine par le Gouvernement général. Les terres situées à *En-Noura,* près de Mila, province de Constantine, étaient cultivées ; celles du *Keddara,* province d'Alger, avaient besoin d'un sérieux et complet défrichement. Où installerait-on la ferme-école ? La Commission pensa qu'il serait peut-être préférable, en attendant la concession définitive des terres domaniales par l'État, d'acquérir une propriété en plein rapport, avec des constructions suffisantes pour recevoir les enfants et sous un climat véritablement algérien. Parmi les nombreuses offres d'achat pour des propriétés « en plein rapport », celle qui semblait le mieux convenir, était la propriété de Guébar-Bou-Aoum, près de Bône, sur les bords de la Seybouse, dont les alluvions offraient à la culture un champ fertile d'exploitation.

La culture, en effet, y était variée. A côté des prairies naturelles et artificielles d'excellente qualité et d'une extraordinaire végétation, on y trouvait les arbres et les plantes de nos pays et des tropiques, les pommiers, les poiriers, les cerisiers, le grenadier, l'olivier, le pistachier, le jujubier, le bananier, le goyavier des Antilles, les orangers à fruits doux et à fruits amers, les citronniers, les cédratiers... L'eau y était abondante et la vigne donnait déjà une belle récolte. Il y avait donc tout avantage à installer la ferme-école du département de la Seine dans une propriété où tout se rencontrait à la fois. Il n'y aurait pas à créer, de toutes pièces, un établissement agricole; là, se trouvaient toutes les constructions nécessaires.

Le Conseil général approuva la proposition de sa Commission et décida, par deux délibérations des 19 décembre 1883 et 24 avril 1884, moyennant le prix de 1.100.000 francs, l'achat de la ferme de Guébar-Bou-Aoum. L'opération, qui paraissait très avantageuse, ne put être réalisée, mais ce ne fut pas la faute du département de la Seine : les titres de propriété ne purent être fournis et la transaction projetée demeura lettre morte. Ce fut tant pis.

Pendant ce temps, les démarches et les formalités engagées en vue de l'obtention des concessions se continuaient avec activité. Elles aboutirent et furent consacrées par la loi du 27 avril 1886 qui attribuait au département de la Seine, pour le service des enfants assistés, les domaines de Keddara (1.232 hectares) et d'En-Noura (2.034 hectares). Mais ces concessions, aux termes mêmes de la loi, avaient une destination particulière. La loi disait :

Art. Ier. Ces terrains devront être utilisés par le département de la Seine soit pour l'établissement d'une école professionnelle d'agriculture et d'horticulture destinée aux enfants assistés de ce département, soit pour le lotissement entre d'anciens élèves de cette école qui s'y établiraient en qualité de colons.

Art. II. Le département de la Seine, sous peine de la résiliation de la concession, devra, dans un délai de trois ans à partir de la promulgation de la loi, avoir installé son école sur une des concessions ou tout autre point du territoire Algérien. Aucun des lots concédés aux jeunes colons sus-indiqués ne pourra dépasser quarante hectares. En attendant l'attribution de ces concessions aux anciens élèves, le département de la Seine est autorisé à exploiter par voie directe ou indirecte les dites concessions. Les produits de cette exploitation seront attribués à l'école, à l'amélioration des concessions ou à la dotation des élèves.

Art. III. Dans les villages constitués sur ces concessions, les bâtiments communaux et l'alimentation en eau potable seront dotés sur les fonds de colonisation dans la même proportion que dans les autres centres de peuplement...

L'attribution des concessions imposait un devoir immédiat au Conseil général de la Seine qui avait décidé la création d'une colonie algérienne d'enfants assistés. Ou il fallait installer la nouvelle ferme-école sur les terres domaniales récemment concédées par l'État, ou il fallait rechercher une nouvelle propriété, celle de Guébar n'ayant pu être acquise. La question se posait sous ce double aspect quand l'abbé Roudil, ancien aumônier de l'armée, offrit au département de la Seine de lui faire donation de quatre propriétés (1.507 hectares) situées commune de Ben-Chicao et par extension sur celle de Médéa, dans le département d'Alger. L'acte de donation fut dressé en mars 1887 et la donation acceptée « sous réserve d'approbation du Conseil général, par l'Administration de l'Assistance publique représentant le département de la Seine pour le Service des enfants assistés, avec l'acquiescement et après examen, d'une délégation de la Commission d'Algérie ». Il imposait les conditions suivantes :

L'Administration de l'Assistance publique, représentant le département de la Seine pour le Service des enfants assistés, installera et entretiendra à perpétuité, soit sur l'emplacement même des terrains donnés, soit dans le voisinage, un établissement d'enfants assistés, qui seront chargés de l'exploitation des dits terrains.

Cet établissement, qui devra être la principale colonie agricole du département de la Seine dans le département d'Alger, devra être installée le 1er janvier 1889 et portera le titre d'*Établissement agricole des pupilles du département de la Seine* (donation Roudil).

Le département de la Seine ne pourra, en aucun cas et à quelque époque que ce soit et sans aucun prétexte, changer cette affectation qui est la condition expresse et de rigueur et sans l'assurance de l'exécution de laquelle la donation n'aurait pas été faite. Si ladite donation n'avait pas été acceptée définitivement par l'Administration, dûment autorisée par le Conseil général, avant le 1er janvier 1888, elle serait considérée comme nulle et non avenue, de même que si la condition d'affectation, avant le 1er janvier 1889, n'avait pas été remplie.

Le Conseil général, par sa délibération du 14 décembre 1887, accepta la donation Roudil qui fut régularisée par un acte public du 27, même mois. On entrait donc dans la période d'exécution et il n'y avait pas de temps à perdre pour assurer, dans la limite des délais impartis, la réalisation de l'œuvre projetée.

Avec la période d'exécution allait s'inaugurer l'ère des difficultés. Il ne s'agissait pas, disait le rapporteur de la Commission d'Algérie, « d'élever à grands frais des bâtiments luxueux, mais de faire des constructions économiques destinées à une exploitation rurale », et il proposait (15 juin 1888) d'approuver un devis estimatif de travaux se montant à 230.561 fr. 68 centimes. L'approbation fut donnée le 20 juin, par le Conseil général; on se mit à l'œuvre.

Il devait y avoir des surprises.

L'emplacement était choisi, le plan dressé. Mais, dès le commencement des travaux, plan et emplacement furent modifiés de telle façon qu'on pouvait craindre un excédent de dépenses considérable. L'architecte, par lettre du 4 septembre 1888, disait qu'il avait changé le premier emplacement parce que le second, qu'il avait choisi, permettait un meilleur aménagement des constructions. Quant à l'inspecteur des biens ruraux du domaine hospitalier, il maintenait, dans son rapport du 10 septembre, les premiers projets et s'élevait énergiquement contre les changements d'emplacements et les modifications de plan apportées, de son autorité privée, par l'architecte. Les travaux furent suspendus le 25 septembre. La Commission, dans ses séances du 30 octobre et 10 novembre, après avoir entendu l'architecte de l'Assistance publique, en décidait la reprise. Mais l'architecte de là-bas, dont l'initiative était le moindre défaut, n'avait pas attendu la lettre d'avis en date du 15 novembre; il avait marché de l'avant et, pour la seconde fois, négligé de se conformer aux indications qui lui étaient données. C'était un récidiviste qui pensait que « quand le bâtiment va, tout va », et, pour lui, le bâtiment allait. Il ne s'inquiétait pas des dépenses, la caisse du département de la Seine était là pour solder ses fantaisies.

On décida l'envoi sur place d'un architecte, celui de l'Assistance publique, qui, ne pouvant faire le voyage, fut remplacé par un architecte-inspecteur. Et le 22 janvier 1889, cet architecte-inspecteur soumettait à la Commission un plan complet, adopté le 5 mars. Les travaux furent « activement poussés et semblaient ne devoir subir aucun nouveau retard lorsque, en avril, survint la mort tragique de l'entrepreneur ». Nouvelle interruption des travaux. Toutefois, elle fut d'assez courte durée. Mais on n'était pas au bout des surprises. Après son quatrième voyage en Algérie, l'architecte-inspecteur « signala à l'administration l'existence d'un sous-sol argileux très incliné, de nature à faire naître les craintes les plus vives pour la stabilité et, par suite, la solidité des constructions déjà en cours d'exécution », et indiquait « une série de mesures de consolidation à prendre en vue de sauvegarder ce qui était fait et ce qui restait à faire ».

Il y eut un temps d'arrêt. On s'entoura d'avis d'hommes spéciaux. L'ingénieur du chemin de fer de l'Ouest-Algérien, l'ingénieur en chef des ponts et chaussées d'Alger, furent consultés. La Commission, en présence de difficultés sans cesse renaissantes, se refusa à adopter tout nouveau projet, sans renseignements précis, et le 28 juillet 1890, elle entendait le directeur de l'Assistance publique qui précisait les difficultés successives qui avaient entravé la marche des travaux. Quatre projets se présentaient pour apporter une solution à la question, qui fut soumise à une étude plus approfondie. Les travaux furent suspendus.

Pendant les péripéties que subissait la construction de la future ferme-école, il fallait ne pas laisser devenir cadu que la donation faite par l'abbé

Roudil. C'est pourquoi, le 29 décembre 1888, un premier convoi de six élèves avait été envoyé à Ben-Chicao et provisoirement installé dans une maison louée et aménagée de façon à permettre d'attendre la construction d'une partie de l'établissement. Un autre convoi, un peu plus important, avait suivi le premier. Les principes de la donation Roudil étaient sauvegardés ! Mais un incident survint qui pouvait compliquer les choses et ajouter encore aux embarras matériels qui, jusqu'à présent, n'avaient pas manqué. On apprenait, tout d'un coup, que les élèves s'étaient mutinés ! Décidément, le tableau s'assombrissait et tout conspirait contre la réalisation d'une œuvre dont l'idée première était séduisante, humanitaire et utile ! La Commission profita de la circonstance pour envoyer une délégation qui, sur place, verrait les modifications proposées, vérifierait l'utilité de ces modifications et, dans un autre ordre d'idées, encouragerait les élèves, entendrait leurs plaintes, leurs réclamations, recevrait leurs confidences, écouterait leurs revendications, en apprécierait la valeur et leur montrerait les avantages et les sacrifices consentis en leur faveur.

Comme on le voit, le but était double : moral et matériel. Le voyage était doublement nécessaire.

Dès le jour de son arrivée, la délégation fut rassurée sur les incidents qui avaient ému la po-

Ali-ben-Mohammed, chiekh de la secte des Aïssaouas.

pulation parisienne. Quelques élèves s'étaient mutinés pour un motif bien futile : on avait

changé la cuisinière dont ils appréciaient particulièrement les talents culinaires! Ils se plaignaient
aussi de la vivacité du directeur qui avait un peu
vertement réprimandé l'un d'eux. Mais, au bout
de trois jours, la grève était terminée et le cordon
bleu, disciple du baron Brisse, oublié.

Ce qu'on ne pouvait oublier, par exemple,
c'était l'état des travaux. Le bâtiment destiné aux
élèves était terminé, quant au gros œuvre, mais
la construction laissait à désirer : des modifications
s'imposaient. Pour éviter une demande de dom-
mages-intérêts de la part de l'entrepreneur, il fallut donner l'ordre de procéder aux aménagements
intérieurs. Du côté de la route de Ben-Chicao, un
vaste bâtiment était amorcé et, « s'inspirant des
idées émises par M. Keller, ingénieur en chef des
mines, on a pu trouver dans le voisinage des bâtiments déjà construits et qu'il convenait de conserver, des parties planes du sol qui permettront
de construire les bâtiments destinés aux annexes
de la ferme, sans recourir à la coûteuse extrémité
des constructions sur remblais avec des murs de
soutènement qui auraient été indispensables ». Le
nouveau projet paraissait donner toutes les garanties, tous les avantages cherchés et, aussi, « de
nature à faire oublier les difficultés passées et à
montrer l'avenir sous un jour meilleur pour notre

colonie d'Algérie ». Il fut approuvé (juillet 1891) avec une augmentation de 46.000 francs sur le premier crédit prévu. Cette fois, on pensait qu'après tous les tâtonnements du début, les travaux seraient menés à bien. Mais tous ne croyaient pas à la réussite, et ceux qui, dès l'origine, avaient combattu les créations de la ferme-école, essayèrent de faire triompher leurs idées. Ils étaient pessimistes. L'amendement suivant fut déposé tendant à la cession et à l'évacuation de Ben-Chicao :

LE CONSEIL GÉNÉRAL,

Considérant :

Que les principales parmi les diverses objections présentées à l'établissement d'une colonie agricole d'enfants assistés de la Seine en Algérie ont été vérifiées par l'expérience ;

Que sans insister de nouveau sur la contradiction entre les difficultés d'entretien et de recrutement de l'école d'agriculture de Villepreux aux portes de Paris et la création d'une colonie agricole au loin, en Afrique, et dans des conditions climatologiques défavorables, ainsi que sur tous autres inconvénients et dangers, il y a une considération qui, à elle seule, commande impérieusement de renoncer à un essai, de succès impossible, et faisant encourir au Conseil et à l'Administration les plus graves responsabilités ;

Que cette considération est, par le fait de la distance, des difficultés de communication, l'impossibilité d'une surveillance continue et contrôlée directement par le Conseil et ses délégués;

Que cependant il est désirable de ne pas perdre entièrement le fruit des dépenses faites et que le projet du Gouvernement algérien de créer un établissement d'enfants assistés peut, à cet effet, donner occasion de négocier la cession aux conditions les moins désavantageuses possibles de l'établissement de Ben-Chicao et de tous droits de propriété du département de la Seine;

Qu'en tout cas il importe, dans un délai à fixer, de ramener en France les enfants actuellement à Ben-Chicao et de ne plus y en envoyer aucun,

Invite l'Administration à entamer, avec le Gouvernement d'Algérie, les négociations utiles pour céder, aux meilleures conditions possibles, au Gouvernement algérien, tous droits de propriété sur le territoire de la colonie agricole ainsi que l'établissement de Ben-Chicao, dont les enfants assistés de la Seine seraient alors retirés.

Signé : Vaillant, Chauvière, Blondel, Berthaut, Faillet, Caumeau, Paul Brousse, Charles Péan, Pierre Baudin, Prudent Dervillers.

La discussion fut vive entre partisans et adversaires du projet qui, cependant, fut voté; mais, au cours de la discussion, il fut aussi prononcé des paroles vraiment prophétiques sur l'avenir de la colonie et il semble que, quelques années après, on aurait pu utilement les méditer. Quoi qu'il en soit, les travaux entrèrent dans la véritable période d'exécution et l'on entrevoyait déjà les résultats d'une œuvre dont la genèse avait été si pénible.

Des recettes apparaissaient, augmentaient, et les ennemis irréductibles de l'entreprise, s'ils ne changeaient pas d'opinion, ne la critiquaient plus aussi sévèrement. Il fallait songer à l'application du principe qui avait guidé les promoteurs de la création, et on s'occupa de l'installation d'un village où « habiteraient les anciens élèves de l'école Roudil qui obtiendront une concession ». Le village serait situé à Bassour, à moins de 2 kilomètres de la ferme-école de Ben-Chicao. Le devis des dépenses s'élevait à 58.000 francs. On était à la fin de 1893. Les conditions imposées par la donation Roudil et par la loi accordant les concessions de l'État, étaient observées, et l'on peut dire que l'établissement du village de Bassour en était la consécration.

On se rappelle les difficultés qui avaient, un instant, compromis la construction de la ferme-école de Ben-Chicao : emplacement mal choisi, plan mal étudié, puis changement de l'emplacement, modification du plan, au cours même des travaux, et, enfin, nouveau projet presque complet. L'expérience n'avait pas servi. Une légèreté plus grande encore avait présidé au choix de l'emplacement du futur village de Bassour : le terrain était difficile et de mauvaise qualité; le défrichement coûterait fort cher et les moyens de communication, tous à créer, ne faciliteraient pas beaucoup l'exploitation, tant les pentes étaient raides. Mais tout irait bien, sans doute, si le bâtiment allait : le bâtiment fut ! Les maisons étaient coquettes, très chères, insuffisantes et pas pratiques ; on ne pouvait accéder au grenier ; les caves avaient été très soignées, les étables négligées, et comme il n'y avait pas de vignes plantées, partant pas de récolte, les animaux étaient logés dans les caves. On avait oublié les choses essentielles et pratiques et l'œil le plus profane et le moins exercé s'en pouvait apercevoir de suite. Les gens du métier n'avaient point vu cela et l'Administration, qui en avait la surveillance, n'avait pas vu davantage. C'était là une négligence coupable et l'Administration laissa mettre à la charge du département de la Seine des dépenses qui incombaient au service de la colonisation : l'adduction d'eau et les voies de communication, à telle enseigne qu'il fallut établir un chemin d'accès pour relier le village de Bassour à la route nationale et que ce chemin coûta, à lui seul, 30.000 francs, quand la dépense totale prévue pour le village ne devait pas dépasser 58.000 francs !

Une telle imprévoyance devait peser lourdement sur l'avenir de l'école Roudil, mais elle devait aussi compromettre l'existence même du

Coin de marché arabe.

village de Bassour et ruiner les espérances des élèves qui devaient l'habiter et le mettre en valeur.

L'école Roudil fonctionnait. Elle avait soixante-dix enfants et toute une administration. Les discussions, un peu éteintes, reprirent lorsqu'il s'agit de nommer une délégation chargée d'assister à l'inauguration officielle de l'établissement, inauguration qui eut lieu le 29 septembre 1894. On peut véritablement affirmer que, du jour même de l'inauguration, la ferme-école fut condamnée soit à une transformation sérieuse, soit à l'abandon. L'inspection que put faire, en pareille circonstance, la délégation, ne fut pas complète. Elle ne pouvait pas l'être. Il s'agissait d'inaugurer, et l'on était sans mandat pour se renseigner ou pour émettre une idée sur l'entreprise. Mais il n'était pas défendu, personnellement, de profiter de son passage en Algérie pour étudier les choses dont on avait entendu parler. C'est ce qu'on ne manqua pas de faire. La visite au village de Bassour produisit une mauvaise impression; la visite détaillée de la ferme-école de Ben-Chicao n'en produisit point une beaucoup meilleure. Il y avait là un véritable ministère, et il était aisé de voir que l'entente la plus parfaite n'y régnait pas. Il y avait bien un maître d'école, mais il n'était venu à l'idée de personne d'organiser une classe où l'on apprendrait l'arabe aux enfants destinés à rester en Algérie, à s'y installer comme colons et à vivre avec les indigènes! Apprendre la langue du pays n'apparaissait pas comme un élément nécessaire, indispensable, dans l'éducation des élèves!

La grande majorité de la délégation fut bien désillusionnée et pensa que toutes les critiques formulées à Paris pouvaient être fondées. Le principe qui avait présidé à cette création était si grand, qu'on voulait, malgré tout, espérer encore. On pourrait modifier, améliorer, et sans jeter le manche après la cognée, ne pas perdre le fruit d'efforts et de dépenses déjà considérables. Et quand la discussion reviendrait devant le Conseil général de la Seine, on s'efforcerait de mettre en lumière les observations faites sur place et de faire triompher certaines opinions, mûrement réfléchies, le tout pour le plus grand bien de l'œuvre entreprise. La discussion tarda trop, les choses restèrent en l'état, sans s'améliorer; les enfants installés à Bassour ne réussissaient pas, n'ayant pas assez de terres, et leur pécule ayant disparu dans la construction de maisons et dans les premiers essais de défrichement. Deux ans s'étaient écoulés depuis l'inauguration et le mot sinistre

« liquidation » était prononcé. Une délégation fut envoyée en Algérie par la 3ᵉ Commission, qui manifestait son intention d'arriver à une solution: cette délégation rencontra peu de roses sur son chemin. L'Algérie, connaissant le mandat dont elle était investie, s'inquiétait : quel sort attendait la colonie de Ben-Chicao? Le département de la Seine était un colon sérieux avec une caisse plus sérieuse encore et on se demandait si, comme beaucoup d'autres, après un essai infructueux, il allait disparaître et mettre la clef sous la porte!

Il n'en fallait pas davantage pour que la délégation fût tenue en suspicion et pour que ses intentions fussent singulièrement travesties. Les membres de cette délégation appartenaient à des opinions politiques tout à fait différentes et n'avaient qu'un seul but : se bien renseigner, voir clair dans la situation et, sans parti pris, faire part au Conseil général des observations recueillies sur place pour lui permettre de prendre telle décision que comporteraient l'avenir de la colonie et les intérêts du département de la Seine. Mais au pays du soleil les passions sont chaudes, les partis nettement tranchés : un modéré devient un révolutionnaire, et un révolutionnaire devient un opportuniste, selon les relations qu'il a dans les deux camps qui se divisent l'Algérie. La délégation, cependant,

n'avait pas à tenir compte des dissidences politiques
qui séparaient les hommes susceptibles de la renseigner utilement. C'est ce qu'elle fit en s'acquit-
tant de la mission qui lui avait été confiée. Et,
véritablement, il était temps qu'on essayât de voir
clair dans la situation, qui n'était point brillante.
Les enfants ne voulaient plus rester au village de
Bassour, bâti en dépit du bon sens, incommode; les
terres concédées aux élèves étaient insuffisantes,
mal placées; les maisons construites et les défri-
chements commencés avaient absorbé toutes les
avances faites par le département aux jeunes colons
qui n'avaient plus qu'un souci : abandonner Bassour
et rentrer dans la ferme-école de Ben-Chicao. Cela
n'était pas encourageant. Mais l'école Roudil
fonctionnait toujours, avec tout son personnel,
presque sans contrôle, et coûtant fort cher. L'essai
tenté à Bassour détruisait le principe qui avait
présidé à la création, en Algérie, de la colonie des
enfants assistés. Il ne fallait pas songer à leur
donner des terres et à les installer pour leur
compte. Un autre village était en construction sur
le domaine du Keddara, près d'Alger. L'expérience
de Bassour n'avait pas servi. Les bâtiments étaient
trop coûteux et, si les terres étaient de meilleure
qualité et plus faciles à exploiter, il fallait procéder
à un défrichement pénible et difficile qui eût absorbé

aisément l'argent avancé aux enfants. Là aussi, les fausses manœuvres n'avaient pas manqué : il n'y avait pas d'eau sur le premier emplacement choisi ! Les erreurs continuaient sans que l'Administration s'en fût inquiétée et eût songé un seul instant à surveiller l'emploi des deniers du département de la Seine et à mettre fin à un « coulage » excessif, pour ne pas dire scandaleux.

La délégation prit sur elle de faire cesser les travaux. C'était sage. Puis elle se mit en rapport avec le Gouvernement général de l'Algérie pour savoir si, dans l'avenir, le département de la Seine ne pourrait pas rendre à l'État le domaine du Keddara, à la charge par lui de payer les frais occasionnés par l'établissement du village. Cette solution amiable fut entrevue de part et d'autre. Tout naturellement, elle souleva des objections : les entrepreneurs, les architectes n'y trouveraient plus leur avantage. On ne bâtirait plus, on ne fournirait plus de matériaux ! C'était l'abomination de la désolation (1) !

(1) Hélas ! par suite des engagements contractés, les travaux continuèrent, sans être mieux surveillés que par le passé ; et ceux qui accusaient le plus fort la délégation de dilapider l'argent des contribuables en des déjeuners qui ne dépassaient pas 3 fr. 25 par tête, autorisaient, eux, des dépassements de crédits qui, à l'heure actuelle, ne sont pas régularisés et s'élèvent à plus de 29.000 francs pour une dépense primitive de 53.714 fr. 83 ! Les architectes ont, pour eux, d'ineffables complaisances !

Les délégués n'en continuèrent pas moins l'œuvre qu'ils avaient à accomplir, visitant tout le domaine appartenant au département de la Seine, soit par voie de concession, soit par donation, soit par acquisitions — car des acquisitions assez importantes avaient été faites — et il nous paraît intéressant de publier l'état de ce domaine.

DOMAINE DU DÉPARTEMENT DE LA SEINE EN ALGÉRIE.

Le domaine des Enfants assistés de la Seine, en Algérie, se compose des terres concédées par l'État et de celles provenant des libéralités de l'abbé Roudil, ou acquises par le Département, d'une contenance totale de 5.135 hect. 04 a. 32 c., savoir :

CONCESSIONS.

Département d'Alger.

	hect.	a.	c.
Tala-Kelifa et Keddara	893	47	12
Bou-Nassan	75	00	00
Agoulman	264	00	00
	1.232	47	12

Département de Constantine.

	hect.	a.	c.
En-Noura	2.034	50	00
Total	3.266	97	12

PROPRIÉTÉS PROVENANT DES LIBÉRALITÉS DE M. ROUDIL
OU ACQUISES PAR LE DÉPARTEMENT.

Département d'Alger.

	hect.	a.	c.
Propriété des Ghérabas, y compris 17 hectares environ provenant de l'acquisition du caravansérail	625	00	00
Propriété de Mégatel	342	94	40
— de Méhéchem et de Naouri	316	12	80
— de Mérachda	240	00	00
Terres à Ben-Chicao à provenir du legs Roudil	335	00	00
Total	1.859	07	20
Report des concessions	3.266	97	12
Propriété sise douar des Ghérabas, acquise de Mme Pascal, après délibération du Conseil général du 27 décembre 1893, pour l'agrandissement de l'école de Ben-Chicao	9	00	00
Total des possessions algériennes	5.135	04	32

La visite ne fût pas toujours facile en ce pays accidenté où les distances sont longues et où, dans certaines contrées, il y a de simples pistes comme chemins et comme sentiers. En dehors de la voie ferrée et des grandes voies de communication, c'est à cheval qu'il faut aller, et on a beau être investi d'une mission officielle, on n'en est pas, pour cela, un cavalier consommé. Mais, tant bien que mal, beaucoup plus mal que bien, on se tenait

Une fantasia.

sur sa monture, sans avoir la prétention de rappeler ou d'effacer la légende de l'Arabe et son coursier.

Ces excursions étaient nécessaires, indispensables, pour se rendre compte de la situation des terres, de leur état, de leur exploitation et de ce qu'on en pourrait tirer. Si elles furent pénibles, elles ne furent pas sans résultat et la délégation revint avec des renseignements précis et des documents qui permettraient à la Commission compétente de se prononcer en toute indépendance et en pleine connaissance de cause. Les renseignements, les documents, les observations, les constatations faites furent consignées par M. Patenne, rapporteur, en un travail aussi complet que consciencieux où rien n'était dissimulé, depuis l'origine de la colonie (1882) jusqu'à 1896.

La parole était à la Commission, d'abord, au Conseil général, ensuite. Mais il n'y eut pas de conclusion proprement dite à la discussion qui eut lieu dans l'assemblée départementale : le statu quo fut maintenu avec quelques modifications, toutefois, dont les principales portaient sur la diminution du nombre d'élèves à l'école Roudil et la rétrocession à l'État du village et de la concession du Keddara. C'est dans ces conditions que la discussion va se présenter en 1901.

En attendant une conclusion officielle et une orientation définitive, il convient de présenter aux lecteurs un résumé de la situation dans laquelle se trouve le département de la Seine. Et comme nul argument n'est plus éloquent que les chiffres, le bilan général de la tentative de colonisation sera instructif à consulter.

Résumé des recettes et des dépenses de 1884 à 1889

EXERCICES	RECETTES	DÉPENSES	EXCÉDENT DES RECETTES SUR LES DÉPENSES	EXCÉDENT DES DÉPENSES SUR LES RECETTES
1884	» »	13.415 15	» »	13.415 15
1885	» »	1.226 08	» »	1.226 08
1886	» »	11.379 10	» »	11.379 10
1887	17.511 33	9.328 10	8.183 23	» »
1888	21.363 87	89.402 84	» »	68.038 97
1889	20.528 60	35.212 89	» »	14.684 29
1890	27.054 02	115.533 57	» »	88.479 55
1891	43.258 94	116.836 73	» »	73.577 79
1892	64.647 29	258.817 18	» »	194.169 89
1893	81.659 57	303.971 01	» »	222.311 44
1894	95.000 42	273.380 78	» »	178.380 36
1895	67.975 35	314.044 33	» »	246.068 98
1896	75.614 10	282.699 39	» »	207.085 29
1897	131.770 66	176.674 36	» »	41.903 70
1898	115.675 23	152.029 69	» »	36.354 46
1899	108.706 65	140.590 58	» »	31.883 93
Totaux . . .	873.766 03	2.294.541 78	8.183 23	1.428.958 98

Excédent des dépenses sur les recettes. 1.420.775 75   1.420.775 75

Résumé des dépenses de 1884 à 1899

EXERCICES	DOMAINE défrichements	FRAIS DE constructions	DÉPENSES DE L'ÉCOLE	TOTAUX
1884	1.000 »	8.574 10	3.841 05	13.415 15
1885	» »	1.226 08	» »	1.226 08
1886	» »	3.628 50	7.750 60	11.379 10
1887	308 65	3.960 90	5.058 55	9.328 10
1888	35.625 29	25.044 35	28.733 20	89.402 84
1889	8.050 24	2.009 60	25.153 05	35.212 89
1890	39.589 46	34.923 15	41.020 96	115.533 57
1891.	31.721 02	41.344 22	43.771 49	116.836 73
1892	76.302 90	90.990 »	91.524 28	258.847 18
1893	89.050 48	91.163 17	123.757 36	303.971 01
1894	98.360 40	42.550 30	132.470 08	273.380 78
1895	62.090 05	145.830 58	106.123 70	314.044 33
1896	79.592 08	91.857 87	111.249 44	282.699 39
1897.	71.115 49	21.048 51	84.511 36	176.674 36
1898	85.587 59	17.800 »	48.642 10	152.029 69
1899	88.691 19	» »	51.899 39	140.590 58
Totaux . . .	767.084 84	621.950 33	905.506 61	2.294.541 78

Résumé des recettes de 1887 à 1899

EXERCICES	CONCESSIONS ALGÉRIENNES	DONATION ROUDIL	RECETTES DIVERSES	TOTAUX
1887	17.511 33	» »	» »	17.511 33
1888	21.333 87	» »	30 »	21.363 87
1889	14.495 05	4.503 »	1.530 55	20.528 60
1890	20.580 »	3.040 »	3.434 02	27.054 02
1891	19.987 »	2.740 20	20.531 74	43.258 94
1892	19.527 50	2.744 »	42.375 79	64.647 29
1893	18.895 »	2.745 26	60.019 31	81.659 57
1894	19.640 »	1.791 25	73.569 17	95.000 42
1895	19.740 »	1.782 45	46.452 90	67.975 35
1896	10.890 »	956 05	63.768 05	75.614 10
1897	19.625 »	810 05	114.335 61	134.770 66
1898	17.153 »	541 30	97.980 93	115.675 23
1899	19.330 »	736 90	88.639 75	108.706 65
Totaux . . .	238.707 75	22.390 46	612.667.82	873.766 03

Tout naturellement, les recettes devaient progresser à mesure que l'exploitation se généralisait, se régularisait, à mesure surtout que la vigne arrivait à sa production normale. Mais si les recettes augmentaient, les dépenses ne diminuaient pas, loin de là; elles n'ont réellement diminué qu'à partir de 1897, à la suite du voyage de la délégation envoyée là-bas à la fin de 1896 et des modifications que le Conseil général avait adoptées, sur ses indications. Et le malheur est qu'on ne peut véritablement pas espérer que la ferme-école se suffise à elle-même, compense ses dépenses par ses recettes, car si le déficit, depuis quelques années, est relativement peu considérable, c'est parce qu'il y a peu d'élèves à l'école Roudil, qu'on a réduit le personnel et que, dans ses recettes, entre le montant de locations provenant des concessions de la province de Constantine. Puis, de l'aveu même du directeur de l'école (février 1900), la grêle enlève parfois « la presque totalité de la recette du vin, moitié de celle des fourrages et le quart de celle des céréales » dont la récolte est peu productive dans la région de Ben-Chicao à cause de l'altitude où se trouve la ferme-école (1.200 mètres) qui fait qu'on passe sans transition aucune de l'été à l'hiver, ce qui met dans l'impossibilité d'ensemencer en quantité suffisante et convenablement les froment, orge, avoine et autres céréales; il n'y a donc lieu de compter que sur la vigne et les bestiaux...

L'altitude et le climat sont en effet peu favorables, mais l'altitude et le climat n'ont pas changé depuis la création de la colonie : l'été, il fait très chaud; l'hiver, il fait très froid, la neige y séjourne des semaines et des mois; et, entre temps, à la belle saison, la grêle détruit les récoltes. Il ne resterait donc que les fourrages qui ne sont à l'abri ni de la grêle, ni de la sécheresse, et qui permettraient d'élever ou de nourrir beaucoup de bestiaux. C'est là une opération bien aléatoire, à laquelle ne peut se livrer, sans danger, une grande administration comme l'Assistance publique, dont le contrôle ne s'est pas suffisamment exercé quand il aurait dû fonctionner et qui, du reste, agirait difficilement dans des opérations plus ou moins opportunes de vente et d'achat de bétail. Ceux qui auraient dû avertir l'Administration des inconvénients multiples que présentait la ferme-école et ses dépendances, s'y prennent un peu tard pour la renseigner. Et il ressort très nettement de tout ce qu'on a dit, que Ben-Chicao était le dernier endroit qu'il fallût choisir pour installer une colonie d'enfants assistés, alors, surtout, qu'on aurait des concessions et des milliers d'hectares en pleine culture sur lesquels une installation eût réussi et à bon compte. Tout cela prouve que si, avec le proverbe, « à cheval donné il ne faut pas regarder la bride », il eût été désirable de ne pas accepter aveuglément une donation dont les conditions dévaient condamner à l'insuccès une aussi généreuse entreprise. Ce qu'on ne paie pas est parfois très onéreux et on peut rappeler combien étaient sages les avis de la première Commission chargée des études préliminaires, quand elle écrivait :

Mais il ne faut pas perdre de vue, non plus, les mauvaises chances possibles de la culture de la vigne et de la fabrication du vin, la difficulté de trouver le directeur et le chef d'exploitation à la hauteur de la tâche et le peu d'aptitude d'une administration à faire œuvre commerciale. En administration, comme en art militaire, un plan ne vaut que par l'exécution.

Il n'est que trop vrai qu'une administration publique n'est pas apte à diriger une entreprise dont le côté moral n'échappait à personne mais que dominait, fatalement, le côté argent, une caisse n'étant pas inépuisable. Ce sera la seule excuse de l'Assistance publique!

Et maintenant, va-t-on sacrifier tout ce qui a été fait; va-t-on abandonner une œuvre dont les résultats pouvaient être si profitables aux enfants assistés du département de la Seine et à la colonisation de l'Algérie, et dont le but était si moral, si humanitaire, si patriotique et si beau?

Une telle perspective nous émeut. Et s'il est vrai qu'un plan ne vaut que par l'exécution; s'il est vrai, à n'en pas douter, qu'on a, comme à dessein, tourné le dos au principe même de la création de la colonie et à l'avenir qu'on entrevoyait pour elle, ne peut-on mieux faire, instruit par une cruelle et chère expérience? Est-il impossible de concilier les intérêts **du** département de la Seine avec une meilleure administration, moins coûteuse, plus sûre, et n'est-il pas possible de sauver du gouffre où la négligence, le désordre, le manque de surveillance contribuèrent à les précipiter, les *quatorze cent mille francs* dépensés?

Le Conseil général, très prochainement, aura à se prononcer. Espérons qu'une solution sera trouvée qui sauvegardera des intérêts moraux et matériels si légèrement compromis!

VI

Après un très court séjour en Algérie, on se demande ce que sont devenues les légendes qui bercèrent notre jeunesse et qu'on évoque comme un souvenir des lectures d'autrefois. *L'Arabe et son coursier, les Fils du Désert, les braves Enfants du Prophète, les Buveurs d'air, les Mangeurs de soleil, les nobles Hommes de grandes tentes...* ont fait leur temps. Les peintres de l'Algérie ont puissamment contribué à la légende en parant l'Arabe des couleurs les plus séduisantes et en le montrant à travers le voile de leur imagination. Mais ce n'était pas là la vérité : le mirage a disparu. Jadis, les grands chefs ne manquèrent pas; aujourd'hui il y en a moins, demain il n'y en aura plus, car ils tendent à disparaître, marchant vers la ruine, irrésistiblement poussés par un train de vie au-dessus de leurs ressources, auquel les condamne fatalement leur incommensurable orgueil. Du reste, il ne faut pas s'en plaindre, l'ère des insurrections devant se clore avec leur disparition, car le prolétaire arabe, plus heureux avec nous que sous l'autorité despotique et souvent sanguinaire de ses grands chefs, ne se révolte pas de lui-même contre notre domination. Et quand les grands feudataires se seront évanouis, l'aristocratie arabe si arrogante et si turbulente aura vécu. Ce sera tant mieux, et il ne restera plus devant nous que l'Arabe véritable, qui est la masse, celui que l'on appelle ordinairement, dans un langage imagé mais plein d'exactitude, le *pouilleux*. Et ce pouilleux en haillons, au burnous percé, rapetassé, datant, disent les irréconciliables, du temps de la conquête, a grand air, quelquefois. Il se drape solennellement dans sa friperie et cherche à se faire une démarche majestueuse, méprisant le *roumi* qui passe à côté de lui. Cette attitude déplaisait souverainement à Esperandious, qui demanda :

— Pourquoi cette guenille ambulante a-t-elle l'air de se moquer de moi?

— Parce que, la croisant sur le trottoir, vous êtes descendu pour lui laisser la place.

— Vous croyez que c'est pour cela?

— Absolument. Il ne faut jamais céder le pas

à l'Arabe; autrement, il croit que vous n'êtes pas fort, que vous avez peur de lui... il vous méprise... pour lui, vous êtes un *meskine*...

— Et si je l'avais bousculé, j'aurais été... ?

— Vous auriez été un *sidi*.

— A l'avenir, je serai toujours un sidi!

Pour se renseigner davantage sur les mœurs et les habitudes de certaines tribus, il nous conduisit, à Alger, où les Aïssaouas se livraient à leurs cérémonies. Et quelles cérémonies! Pour la plupart des Aïssaouas, elles ne sont que des jongleries enseignées dans certaines zaouïas, pour battre monnaie en honorant Allah. Autour de ces professionnels, artistes en leur genre, se groupent des amateurs. Les jours de grand spectacle, ces amateurs — brutes facilement hypnotisables — se sentent pris d'un saint délire. Sous l'influence magnétique d'un fanatisme poussé à la folie par les vociférations, les hurlements et les trépignements de l'assistance, ils entrent dans le rond et exécutent sur leur chair les sauvages exercices qui doivent les rendre agréables à Mahomet. Ces hystériques renoncent, en général, assez vite à ce jeu et ne le poussent pas aux limites de l'extrême douleur. Mais ils font nombre. Ce sont des choristes dont les Aïssaouas professionnels se servent comme de compères.

Il n'est pas besoin d'un mot de passe pour être admis, en Orient, aux réunions des Aïssaouas. Elles sont accessibles à l'infidèle et il ne lui en coûte que ce qu'il veut bien glisser, en sortant, dans une moitié de citrouille que lui tend, à la porte, un serviteur de la confrérie, presque toujours un nègre. C'est, paraît-il, le marabout Sidi Aïssa qui, au seizième siècle, fonda cette confrérie et qui donna à ses fanatiques le privilège d'être insensibles à la souffrance et aux privations.

Les Aïssaouas s'entraînent à leurs exercices par des prières dites d'une voix gutturale et qui arrivent *crescendo* à ressembler à des vociférations démoniaques. Un orchestre de flûtes en roseau et de tambourins accompagne et suit le mouvement.

Chaque Aïssaoua a un exercice de prédilection. L'un, c'est celui d'un fer rougi presque au blanc et qu'il promène avec une certaine lenteur sur ses bras, sur son cou, sur sa figure et qu'il met parfois dans sa bouche, où il l'éteint. L'autre entre en scène et se perce la joue avec une longue aiguille, emmanchée dans une boule de bois. L'illusion est d'autant plus complète qu'elle est réelle. Mais à regarder attentivement et de près l'opération, on remarque que l'introduction de l'aiguille se fait par l'intérieur de la bouche, avec plus ou moins de tâtonnement. Existe-t-il, à cet endroit,

un imperceptible trou permanent à travers lequel
l'aiguille trouve passage? On croit la
chose probable.

Cette même
opération,

Les Aïssaouas.

faite à travers la gorge, la langue et les paupières,

se prête moins, il est vrai, à l'emploi d'un truc. Mais on sait avec quelle indifférence de jeunes femmes, plongées par le magnétisme dans un état cataleptique, supportent des piqûres tout aussi profondes et tout aussi douloureuses.

Pour l'aiguille dans le ventre, la simulation est plus visible, l'Aïssaoua appuie la pointe sur son ventre et, prenant un maillet, il frappe à tour de bras sur une boule qui termine l'aiguille. Or, comme il tient cette boule de l'autre main, à chaque coup de maillet il donne une poussée en sens inverse. D'autre part, il fait prendre à l'aiguille une direction oblique, de telle façon qu'elle pénètre en intéressant seulement et superficiellement trois ou quatre centimètres du derme.

Le coup du scorpion ou de la vipère est simplement répugnant. Il va sans dire que ces affreuses bêtes n'ont plus les crochets qui sont en quelque sorte les véhicules de leur venin. Puis, pour rendre absolument inoffensive l'ingestion dans l'estomac du corps ou d'une partie du corps de l'arachnide ou reptile, on crève la poche à venin et on obtient, dit-on, le même résultat en desséchant cette poche par un procédé souvent employé par les charmeurs de serpents. La dégustation des scorpions et des vipères ne constitue plus, dès lors, qu'un fait répugnant dont une abominable dépravation du goût peut rendre capable un visionnaire, comme l'Aïssaoua l'est toujours plus ou moins. On ajoute que les Aïssaouas opèrent au milieu de tant de bruit, de hurlements et, surtout, de mouvements évidemment destinés à détourner l'attention de ceux qui contemplent leurs sanctifications, que bien des détails échappent forcément à ceux qui dévoileraient leurs supercheries.

Tout cela peut être vrai, mais ces *sanctifications* sont faites de telle manière qu'il est bien difficile de se rendre compte si l'on a affaire à des fumistes hystériques ou à une secte de convaincus. Notre Marseillais, qui ne doutait de rien, s'écria :

— Tout ça, c'est l'enfance de l'art : moi, j'en ferais autant !

On se figure le beau tapage que causa cette déclaration. Mais, avant même qu'on ne l'eût mis au défi d'en faire autant, il avait saisi un fer rougi à blanc et il le passait avec entrain sur sa langue. Un grand silence régnait dans la salle, troublé seulement par l'espèce de crépitement que produisait la langue d'Esperandious qui grillait. Et lorsque le fer fut refroidi, le Marseillais prit son chapeau, salua dans un beau geste et sortit, disant :

— Ce n'est pas plus malin que ça !

Il nous affirma, une fois dehors, que cela était à

la portée de tout le monde et, surtout, de tout saltimbanque qui possède le secret d'une certaine solution qui rend l'opération inoffensive. Le *Journal des savants* lui en avait fourni la formule! Il est inutile d'ajouter quel succès eut notre compagnon qui fut reconduit par une foule aussi nombreuse que sympathique. Toutefois, comme il n'y a pas de médaille sans revers, il y eut une ombre au tableau. Rentré à l'hôtel de l'*Oasis*, le Marseillais prenait le frais sur un balcon qui donnait sur le boulevard de la République et il croyait voir, au travers de la fumée de son cigare, sa bonne ville de Marseille, là-bas, tout au bout dè la mer bleue. Il pensait qu'on serait content de lui quand on connaîtrait son aventure que, dès la première heure, le télégraphe ne manquerait pas d'annoncer à ses compatriotes. Un coup violent, frappé à la porte de sa chambre, troubla son rêve.

— Entrrrez! cria-t-il.

Un inspecteur indigène de police était devant lui et lui apprit que la Casbah bougeait.

— Si elle bouge, moi je me lève et gare la casse!

Justement, pour éviter la casse, on le prévenait; il serait sage de sa part de se faire oublier pendant quelques jours et les indigènes se calmeraient. Mais, pour le moment, ils s'agitaient : on avait ba-

foué la secte des Aïssaouas et ils voulaient se venger.

— C'est bien, c'est bien, fit superbement Esperandious, puisque tout le monde est jaloux de moi,
je m'en irai dès demain matin !

Sur la ligne d'Alger à Oran.

Le chemin de fer vous emporte, en quelques
heures, à Blida. C'est la ligne d'Alger à Oran,
et sous le soleil déjà haut à l'horizon, les chemins
blancs se déroulent... Hussein-Dey, Maison-Carrée, la Métidja où se fane le tapis vert des vignes
sans fin, Beni-Mered où, dans la poussière soule-
vée, évoluent les chasseurs d'Afrique et les spahis
en manœuvres, Boufarik et ses plateaux géants,
Blida et ses orangers en boule...

Et le long de la voie, les figuiers de Barbarie
servent de palissades impénétrables avec leurs

troncs rabougris et biscornus et leurs feuilles
larges et épaisses qu'on croirait découpées dans
un contrevent peint en vert, feuilles recouvertes
de piquants d'où s'échappent des fruits que le soleil commence à faire rougir ! Et des eucalyptus
poussent vigoureusement le long des fossés et des
marécages qu'ils ont assainis ; leur peau s'en va
par lambeaux, ne pouvant résister au travail du
bois dont la propriété particulière est de se tordre
et, partant, de ne pouvoir être utilisé pour la me-
nuiserie. On raconte qu'avant de connaître cette
particularité, on avait employé le tronc de l'eucalyptus pour des poteaux télégraphiques et qu'un
jour, l'administration crut à une mauvaise plaisanterie, les fils ayant changé de côté ou ayant été
cassés par la torsion d'un bois dont les travers
l'emportaient sur les qualités. On renonça à son
emploi.

C'est à Blida, « jardin de l'Algérie et la ville des
fleurs », qu'on transborde pour aller à Ben-Chicao.
Blida a son histoire et ses légendes. Mohammed-
ben-Yussef, de Miliana, le marabout voyageur
dont les dictons sont restés populaires, a dit d'elle :
« On vous appelle une petite ville, et moi je vous
appelle une petite rose. » Cette petite rose fut souvent ensanglantée. Détruite en 1825 par un terrible
tremblement de terre qui ensevelit sous ses dé-

combres 7.000 habitants, elle était reconstruite en 1830 lorsque le général de Bourmont arriva dans ses parages. A plusieurs reprises, elle opposa une sérieuse résistance, d'abord en novembre 1830 contre le général Clauzel qui n'y put pénétrer qu'après un sanglant combat et fut ensuite obligé de se retirer; puis contre le duc de Rovigo qui, en novembre 1834, s'en empara de nouveau. Ville coquette et bien bâtie, avec de belles avenues, les environs sont ravissants : toutes les villas sont entourées de grands jardins remplis de fleurs et d'arbustes; on y compte, non compris les jeunes plants, près de 100.000 orangers, citronniers, limoniers, cédratiers et orangers chinois dont les produits sont bien connus là où l'on exporte des millions et des millions d'oranges. J'imagine que les conseillers municipaux de Paris seraient mal vus, là-bas, pour avoir, oh! bien malgré eux, voté une taxe sur les oranges et les citrons!

Et l'on quitte Blida dans les wagonnets de l'Ouest algérien qui, bifurquant à gauche, s'enfoncent dans les gorges de la Chiffa, entrent, sortent, courent dans de nombreux tunnels ou paraissent sur des viaducs, comme pour respirer avant de pénétrer de nouveau dans la montagne. Puis voici le Camp des Chênes, première station à la sortie des gorges de la Chiffa, et Mouzaïa-les-Mines, avec ses mamelons jaunes aux reflets de cuivre, Lodi; la montagne est nue, désolée. Le train monte, monte toujours, en lacets, s'essouffle; l'arrivée à Médéa égaie l'horizon avec ses coteaux couverts de vignes, d'arbres et de plantes. Malgré la chaleur, on a comme une impression de fraîcheur en cette oasis lumineuse! Cela ne dure pas et le panorama jaunit encore, brûlé, jusqu'à Ben-Chicao où la fanfare de l'école Roudil attend les invités qui viennent inaugurer la colonie. « Ce petit coin, écrit un journaliste d'Alger, a pris un air de fête. A la gare les goumiers caracolent, laissant flotter leurs grands chapeaux aux couleurs vives. Une nouba pleure sa monotone mélopée. Des victorias, des breaks stationnent à la sortie. Et bientôt le cortège se forme, pour galoper vers l'école dont les hauts bâtiments se déploient, adossés à la colline. La façade est très large, à un étage, et se termine, de chaque côté, par une petite aile à deux étages. Au centre, sont les dortoirs; à droite et à gauche, les réfectoires et les salles d'étude. Indépendants de cette construction principale, deux autres vastes emplacements sont aménagés pour les ateliers, les caves, les écuries et les étables. Enfin, une grande cour s'étend en avant, établie en remblais et ouverte sur le large horizon des montagnes lointaines... Hier, on a dressé une tente immense pour le banquet, et tandis que la fanfare des Enfants assistés sert l'harmonie apéritive de la *Marseillaise* et de l'*Hymne russe,* les convives prennent place... » Six heures de chemin de fer ont ouvert les appétits et l'on a vite fait d'attaquer le déjeuner. Rien ne manque au menu, pas même le porc-épic, pas même le mé- choui. Au

Le méchoui.

champagne, les toasts. M. Bassinet ouvre le feu. « MM. Peyron, Rousselle, Gérente, Samary, Rinn, Navarre, prennent la parole. Un brave colonel retraité, qui pouvait hardiment prendre la devise du maréchal Bugeaud : *ense et aratro,* parla au nom des colons de l'Algérie et nul ne le pouvait faire avec plus de compétence, car il avait rendu de nombreux services à l'agriculture, à la viticulture, surtout : ses vins passaient pour les meilleurs. Prenant la parole devant des Parisiens, il s'était crié : Je suis né z'à Paris! Comme la chaleur, la liaison était excessive, et il fallait la laisser passer. Ah! ouich. Une voix coupa la phrase :

— Très bien, très bien, colonel, continuez!

On rit, on était désarmé. Le colonel continua, continua, continua... Je m'approchai du terrible Marseillais dont l'interruption intempestive nous avait décelé la présence :

— Depuis quand ici? Pourquoi faire de la peine à ce brave colonel?

— J'arrive à l'instant de Marengo où Bonaparte fut vainqueur, répondit crânement Esperandious, et puisque je ne pouvais prononcer un discours, j'ai interrompu... maintenant, on sait que je suis là...

Joyeux convive, Esperandious s'était assis à la table de la presse qu'il amusait par son intarissable faconde. Et il avait vite fait connaissance avec les journalistes qu'il tutoyait déjà.

La cérémonie terminée, il me demanda :

— Venez-vous avec nous?

— Où cela?

— Té, à Médéa! Nous partons en voiture avec les journalistes d'Alger que je ne quitte plus. Venez, vous êtes déjà du bâtiment...

On partit. Tout d'abord, on dégringole de Ben-

Chicao pour remonter ensuite jusqu'à la ville qui, construite sur un plateau incliné et fermé par une enceinte militaire, s'échelonne dans un pittoresque amoncellement dominé par quelques minarets. Dans une situation coquette, son altitude et son climat permettent d'obtenir à Médéa les productions agricoles des régions centrales de la France. Ses fruits sont très appréciés et ses vins, ses vins blancs surtout, sont très cotés.

Les soirées, en Algérie, ne sont pas folâtres; on les tue comme on peut. Dans un bal où se coudoyaient tous les mondes, bourgeoisie, commerce, armée, boutiquiers..., Esperandious montra ses talents chorégraphiques, ayant, en guise d'auréole, un nuage de poussière s'élevant du sol mamelonné d'une grange sans plancher. Et les trois journalistes d'Alger, devenus aimablement nos guides, arrangeaient notre retour du lendemain. La matinée serait employée à visiter Médéa; on partirait à dix heures, en voiture, pour bien voir les gorges de la Chiffa; on déjeunerait à l'auberge du ruisseau des Singes et l'on gagnerait Blida.

Les quelques heures passées à Médéa ne furent pas sans intérêt. Les journalistes connaissaient bien Esperandious, quoique depuis peu. L'un deux avait dit : « Il est blagueur, donc il est crédule : il faudra rire un brin! » Il est vrai que le costume du

Marseillais favorisait à merveille le plan machiné. Esperandious, tout vêtu de noir, était coiffé d'un chapeau haut de forme. Seuls ses souliers, veufs de cirage depuis des semaines, mettaient une tache grise dans cette tenue peu faite pour le pays. Et lorsque, le matin, on sortit de l'hôtel, tous les habitants du quartier que nous visitions étaient sur les portes, regardant Esperandious, le montrant du doigt, ainsi qu'une bête curieuse. Les journalistes souriaient : cette curiosité ne déplaisait pas au Marseillais, qui ne passait pas inaperçu, oh! non. Les rédacteurs de la *Dépêche,* de l'*Akbar,* du *Radical algérien,* connaissaient la ville, savaient qu'une exécution capitale devait avoir lieu quelques jours après et ils avaient fait passer Esperandious pour le bourreau d'Alger!

On visita un autre quartier. Là, ce fut autre chose. Les jeunes arbis se précipitaient au-devant d'Esperandious, se prosternaient devant lui, criant : « Grand kébir! grand kébir! » Et le grand kébir, enchanté, leur donnait des sous. Cette fois, le bourreau d'Alger avait fait place au Gouverneur général de l'Algérie!

— Dites donc, questionna-t-il, grand kébir c'est plus que sidi?

On partit. La route descend, descend, côtoie des précipices. Coup d'œil merveilleux. On est dans les

gorges de la Chiffa. Les montagnes, avec leurs rochers qui avancent, prêts à dégringoler et à vous
broyer sur un signe de leur roi Titan, affectent des
formes bizarres. Là-haut, à droite, sur une espèce
de terrasse, des rochers se détachent en avant.

— Eh! Esperandious, regardez-donc ces canons!

— Quel travail il a fallu pour les grimper là-
haut! Position superbe pour battre le défilé... ils
peuvent tirer en barbette...

Au travers de ses instincts cocardiers, le Marseillais avait vu de vrais canons. Une seule chose
l'inquiétait :

— Mais ça ne doit pas être commode pour les
ravitailler!

La réflexion n'embarrassa pas longtemps. Là-
bas, à gauche, dans la montagne, de l'autre côté
de la route, au milieu des arbres, se dissimulait
une maison de forestier.

— Voyez, lui dit-on, cette poudrière, c'est là
que les munitions sont en réserve!

— C'est difficile, tout de même. Mais elle est
rudement placée, cette batterie!

La montagne, presque nue et aride, est sillonnée
de petits filets blancs : ce sont des cascades assez
semblables à de minces coulées d'argent et qui
vont se perdre dans les rochers de la Chiffa.

Halte. Voici l'auberge du ruisseau des Singes, célèbre rendez-vous des touristes. Il y a du monde. Y en aura-t-il trop et pourra-t-on déjeuner? Tout s'arrangera. Y a-t-il des singes? Ces animaux sont trop capricieux. Ils restent des semaines sans se montrer et viennent plusieurs jours de suite, si on ne les tracasse pas trop. Le hasard nous favorisa. Deux gros singes faisaient la voltige sur les arbres de l'autre bord du ruisselet qui passe devant l'auberge et alimente les réservoirs dans lesquels on conserve toujours du poisson destiné aux repas des voyageurs. Pendant que je regardais les précurseurs de notre race, un bruit se produisit, suivi de rires bruyants et de cris que répéta l'écho. J'accourus.

On retirait Esperandious d'un réservoir!

Cette chute sans danger avait mis tout le monde en belle humeur. Tous ne se connaissaient pas, n'étaient pas de la même « société », mais tous manifestaient une exubérante hilarité dont le Marseillais ne se fâcha point. Il eut un mot : le bourreau d'Alger n'avait pas toujours les pieds dans le sang!

Comment s'était produit l'incident — accident serait excessif? Le plus simplement du monde. Les réservoirs sont très bien compris, pour leur destination. Les poissons y frétillent dans une eau sans cesse renouvelée, et quand on a besoin d'une friture, on ouvre l'un des passages pratiqués dans le mur. Le poisson, suivant le courant, sort et tombe dans des paniers, au-dessous des ouvertures. Selon la bonne volonté de la gent nageuse, ou le nombre des touristes, l'on vide, un peu plus ou un peu moins, par étage, les réservoirs. Ce matin-là, il était resté peu d'eau, 34 ou 40 centimètres, mais un poisson récalcitrant refusait obstinément de sortir et se réfugiait entre deux pierres

Planté sur le bord du vivier, Esperandious le taquinait du bout de sa canne pour l'exciter à sauter dans le panier. Le poisson persista à rester, persuadé qu'il était plus heureux que lorsqu'il serait frit.

— Mais saute donc! Tu hésites, tu as donc bien peur d'être mangé?

L'ablette aurait pu faire la même réponse que fit au baron des Adrets celui qui hésitait à sauter sur les baïonnettes qui l'attendaient au bas :

— Je voudrais bien vous y voir, à ma place!

Le Marseillais, qui n'était pas un sanguinaire, se rendit-il compte de ce qu'aurait pu lui dire le poisson? Je ne sais. Mais ce que je sais bien, c'est que, perdant l'équilibre, il tomba dans le réservoir d'où il fut tiré aisément. Il avait mouillé ses chausses! Il posa ses chaussures qu'on mit sécher, et notre homme dut prendre des galoches. Quant au poisson, sous la poussée de l'eau, il sauta tout seul dans le panier!

Une aventure de si minime importance ne pouvait assombrir personne. Le déjeuner ne fut point triste. Un journaliste proposa :

— Si on envoyait une dépêche au *Figaro* pour annoncer qu'Esperandious...

— Pas de qualificatif!

— ... qu'Esperandious a failli se noyer dans la Chiffa...

— Mais il n'y a pas une goutte d'eau dans ce Mançanarès de l'Algérie!

— Raison de plus!

On n'insista pas. Dans la salle à manger, on admira les dessins qu'un amateur de talent et d'esprit avait faits sur les murs. Quand il n'y avait pas de singes au ruisseau, on était toujours sûr d'en voir là. Et quelle sarabande! Des singes montés sur des chiens, sur des sangliers, se livraient à une série d'exercices comme on en vit souvent dans les cirques. Un singe, le chef de la troupe, ressemblait à M. Grévy. *Proh pudor!*

Enfin on quitta ce lieu où la mélancolie n'avait pas élu domicile. Tous les touristes vinrent prendre des nouvelles du « noyé » et l'hôtesse

donna sa carte, priant de faire connaître son établissement. La voici :

Hôtel du Ruisseau des Singes
Tenu par Mme Vve Bordes.

Déjeuners à toute heure. Cuisine de 1er choix.
Repas sur commande.
Consommations de premières marques
et de premier choix.

Ma dette est acquittée, ma promesse tenue. En
me quittant, Mme Bordes me confia qu'elle conser-
verait pieusement les galoches qu'Esperandious
avait portées pendant deux heures, pour perpétuer le souvenir de l'incident.

La route, jusqu'à Blida, est quelconque. Les
jeunes arbis, sous un soleil torride, galopent après
la voiture pour avoir un sou, « soldi », qu'ils se
disputent, se roulant dans la poussière pour le
conquérir. De-ci, de-là, un bourriquot passe,
chargé, non de reliques, mais d'un pauvre mé-
nage arabe : il porte l'indigène et sa fortune ; la
femme le suit, à pied. Le bourriquot est petit, a
le naseau démesurément fendu, — fente à laquelle
le couteau n'est pas étranger, — mais rend de
grands services et, sans risque de se tromper, on
peut toujours affirmer qu'il est chargé comme un
âne, ayant sur son dos tantôt tout un mobilier,

tantôt quatre ou cinq Arabes dont les jambes traînent à terre. Et il trottine, trottine, faisant du chemin, car l'indigène, qui est voyageur, va très loin vendre sa marchandise pour, ensuite, ne rien faire, tant que durent les quelques sous qu'il a reçus.

A Blida, le journaliste reprit son idée :

— Si on envoyait la dépêche? Qu'en pensez-vous, Esperandious?

— Oh! non, fit-il mollement, cela inquiéterait ma femme!

Il ajouta presque aussitôt :

— Après tout, pourquoi pas? Ce serait drôle... tromper ce journal le mieux informé et qui me blague toujours et qui, sérieusement, annoncera que j'ai failli me noyer dans la Chiffa alors qu'il n'y avait pas assez d'eau pour faire prendre un bain de pieds à une sauterelle... Après tout, pourquoi pas? Mais il faut ajouter que c'est grâce au courage d'un journaliste d'Alger que j'ai pu être sauvé... Ma femme sera peut-être inquiète!

— Télégraphiez-lui la chose. Une fois prévenue...

— Vous avez raison. Allons-y!

Deux dépêches partirent, dont l'une fit quelque bruit.

Au lieu de regagner Alger, le terrible Marseillais nous contraignit à pousser un peu plus loin, sur la ligne d'Oran. Il voulait nous montrer toute la plaine de la Métidja qui s'étend sur un espace d'environ 75 kilomètres de long sur 30 de large et, aussi, le tombeau de la chrétienne que l'on aperçoit à l'extrémité, vaste monument dont le soubassement carré a 53 mètres sur chaque face. Il est entouré de soixante-huit demi-colonnes engagées, de l'ordre ionique, divisées par quatre portes. Le tout est surmonté d'un dôme formé de trente-trois degrés qui, en rétrécissant graduellement leur plan, donnent à cet édifice l'aspect d'un cône tronqué : sa hauteur est de 30 mètres. Et Esperandious n'oublia pas de justifier sa qualité de guide :

Malgré les recherches qui ont été faites à différentes reprises, en 1855, 1856, 1865, 1866, et qui n'ont abouti qu'à faire connaître l'intérieur de ce mausolée qui se compose de couloirs et d'excavations, on n'a pu, jusqu'à ce jour, définir d'une façon positive son emploi et l'époque de sa construction. Les uns prétendent que c'est là qu'avaient été déposés les restes de Juba II et de Cléopâtre Séléné; les autres, que ce monument a servi à la sépulture de toute une famille de rois maures; enfin, une légende arabe raconte qu'un certain Ben-Hassen, qui avait été chargé par son maître de se rendre au tombeau de la chrétienne pour y brûler un papier en se tenant tourné vers l'Orient, n'eut pas plutôt mis cet ordre à exécution, que le tombeau s'entr'ouvrit, laissant s'échapper un nuage de pièces d'or et d'argent qui prit, en s'élevant, la direction du pays des chrétiens. Le pacha, qui était alors Salah-Kaïs (1552), ayant appris ce fait, jura de détruire le monument et y envoya, à cet effet, une armée d'ouvriers qui, à leur tour, au moment où ils donnèrent le premier coup de pioche, virent tout à coup apparaître, au sommet de l'édifice, une femme chrétienne qui, étendant les bras vers le bas de la colline, s'écria : « Halloula! Halloula! à mon secours! » Aussitôt, une nuée de sauterelles s'abattit sur les ouvriers, qui se sauvèrent au plus vite. C'est, sans doute, depuis cette époque, qu'il y a des sauterelles, mais elles ne mangent que les récoltes!

Tenez, maintenant, regardez les belles vignes de la Société Alsacienne! Sont-ils assez jolis, ces vignobles, avec leurs feuilles jaunes et rouillées qui contrastent si heureusement avec le vert de la forêt? C'est là que se fait le meilleur vin de la contrée. On descend à Adelia — tristes souvenirs! — pour y monter, à gauche, et pour monter à Miliana, à droite. Nous allons à Miliana. Sa fondation date de celle d'Alger. Elle fut occupée par les

Français, le 8 juin 1840; il n'y avait que des ruines,

Intérieur d'un caravansérail.

les Arabes y ayant mis le feu. Elle est rebâtie et a
740 mètres d'altitude. Et quel coup d'œil! Je vais

vous conduire au bout de la fameuse promenade appelée la Terrasse, mais son véritable nom est *Coin des blagueurs*. Vous voyez qu'il y a aussi des blagueurs en Algérie! A vos pieds, l'eau coule en abondance, arrose les jardins que traversent plusieurs routes dont l'intersection forme un chapeau de gendarme. Là-bas, c'est la plaine du Chélif. Est-elle assez sèche? Voilà un an qu'il n'a pas plu. Et dire que cette plaine aurait une fertilité remarquable si elle était irriguée, ce qui serait facile en construisant un barrage à l'embouchure de la plaine, entre deux montagnes qui enserrent la rivière. Ça ne coûterait pas très cher et ça décuplerait le prix des terres. Mais on hésite, la province d'Alger et la province d'Oran ne pouvant se mettre d'accord. Et, pendant ce temps-là, la plaine se dessèche et se vide, les récoltes sont nulles, les propriétés perdent les trois quarts de leur valeur et il ne pleut toujours pas! Comme ce vaste paillasson doit avoir soif!

Maintenant je vous emmène à Affreville, notre dernière étape, de ce côté... La ville est dans la plaine... elle est importante par son commerce de vins et de céréales... quand il y en a. Son marché, près de la ville, est tout à fait original. C'est un gigantesque bric-à-brac. Il y a de tout : des chevaux, des légumes, des bestiaux, des cordes en palmier nain, des étoffes... Sur de longues perches appuyées sur des pieux, pendent, sanglants, des boucs et des chèvres, la tête coupée... des Arabes viennent acheter des bouts de peaux encore gluants... ils y pratiqueront quelques trous dans lesquels ils passeront des lanières, et ils s'en retourneront, les pieds frais, avec leurs nouvelles sandales...

L'excursion terminée, on rentra dans Alger. Un monceau de télégrammes attendait Esperandious. La dépêche envoyée au *Figaro* avait produit son effet. Le Marseillais était enchanté. Comme cela, il savait combien grandes étaient la sympathie et la notoriété dont il jouissait. Il disait, se rengorgeant :

— C'est bête, mais ça fait plaisir!

Puis il nous lut cette dépêche, la seule que nous publierons :

Prenons part à votre accident. Sommes toujours avec vous, même noyé.

— Qu'en pensez-vous, de celle-là?

Elle émanait du comité qui avait soutenu sa candidature au Conseil municipal de Marseille.

Bien que les distances soient longues et que les chemins de fer n'aillent pas vite, on passe, cependant, d'une province dans l'autre. Et c'est dans le département de Constantine que nous perdîmes notre joyeux compagnon de voyage Esperandious qui ne partait jamais avec nous, mais nous rattrapait toujours en route. Cette fois, pas plus que les autres, il n'avait dérogé à ses habitudes, nous ménageant une bonne petite surprise. Mila, un coin du grenier de l'Algérie, fut le théâtre de notre dernière rencontre et d'une aventure qui mérite d'être contée.

Après une visite au domaine d'En-Noura, nous rentrâmes à Mila dans un hôtel ouvert à tous les vents mais où séjournaient une chanteuse et son mari. Un mauvais piano servait à l'accompagnement. Le concert était banal, le public rare. La Comédie Française n'eût pas fait en ce pays une tournée fructueuse. Eh bien, il nous fut donné d'entendre un accompagnement peu ordinaire. Le maître d'hôtel, qui, sans aucun doute, avait l'oreille musicale très développée, corsait, de temps à autre, l'orchestre. Il soufflait dans un arrosoir de grande taille d'où sortaient des sons très justes, très nourris : la note grave, surtout, était le triomphe de l'arrosoir.

On écoutait, attendant l'heure propice de se coucher. Arrivèrent des officiers de turcos dont la compagnie allait prendre garnison à Constantine. On fraternisa. Le capitaine regardait beaucoup l'un de nous. Il s'écria, tout d'un coup :

— Dis donc, Paul, est-ce que tu n'étais pas à la Flèche?

Paul avait été à la Flèche, le capitaine aussi. Tous deux étaient Fléchois : ils s'embrassèrent. La glace était rompue ; la conversation s'anima, devint générale. Les questions se pressaient. « Qu'es-tu devenu? — Et toi? — Que fais-tu-ici? » Le nom de Ben-Chicao ayant été prononcé, tous les officiers se mirent à rire. Ils avaient rencontré à Djidjelli un rude type qui leur en avait conté de belles sur Ben-Chicao. Il allait venir ici, avec une mission de confiance de l'Assistance publique! Mais quel type! Quel blagueur! Et si la diligence n'était pas en retard, il serait déjà là. On apporta une carte :

— Quand je vous le disais! fit le capitaine. C'est lui!

Esperandious fit son entrée, mais il n'eut pas l'air enchanté de rencontrer tout à la fois les officiers et nous. Il leur avait raconté tant d'histoires et s'était si complètement substitué à la Commission, qu'il paraissait véritablement ennuyé de ce contretemps. Il n'était pas homme, cependant, à demeurer longtemps interdit et, résolument, il prit part à la conversation. On lui demanda pourquoi il arrivait si en retard.

— Ne m'en parlez pas, répondit-il. Les chevaux

n'ont plus voulu avancer, là-bas, dans la côte...
ils tremblaient de tous leurs membres... Il y avait
un lion dans le voisinage...

— A quel endroit? questionna le sous-lieutenant
frais émoulu de Saint-Cyr.

— Là-bas...

— Ce doit être au rocher de Jugurtha?

— Justement. J'avais oublié le nom et, ma foi,
je suis venu à pied...

— Ce que vous dites ne me surprend pas : l'a-
nimal m'a été signalé déjà et...

— Et vous avez l'intention, Gérard, continua
le capitaine, de faire sa connaissance?

— Oui, mon capitaine, et avant le point du
jour...

Tous voulaient être de la chasse et la partie
fut arrangée.

— Avez-vous jamais tiré le fusil Lebel, monsieur Esperandious? fit le capitaine.

— Non, mais cela ne fait rien. Si j'étais seul,
j'aurais peut-être le trac... en société, je me com-
porterai bien...

La chasse était décidée pour la nuit; on irait
au rocher de Jugurtha, puisque Jugurtha il y
avait; le lion n'avait qu'à se bien tenir. Le Marseillais éprouva même le besoin de flatter le sous-
lieutenant.

Une *M'Bitta* (danse de nègres à Blida).

— Le fils chasse de race, dit-il de son air le plus aimable, monsieur votre père s'y connaissait...

L'officier sourit, modestement : il n'avait rien de commun avec Gérard, dont il ne portait pas le nom.

Enfin, tout fut organisé : on partit en bande. Le Saint-Cyrien avait pris les devants, pour fouiller les environs, tandis que les chasseurs s'embusqueraient à quelques mètres du fameux rocher de Jugurtha. Le jour s'annonçait, et on désespérait de rencontrer l'animal, quand un bruit sourd troubla le silence de la nuit.

— Entendez-vous ? objecta doucement le capitaine. C'est lui. Je crois qu'il va venir jusqu'à nous. Chargez les fusils et tenez-vous prêts !

Il arrangea son monde, de manière à ce que le Marseillais fût le premier à voir le roi du désert s'il s'aventurait jusque-là. Les rugissements augmentèrent, se rapprochèrent : entre deux dents du rocher, deux gros yeux apparurent, flamboyant dans les ténèbres. Esperandious faisait bonne contenance : il tira, sans attendre le signal, et l'on entendit quelque chose rouler avec un grand bruit de casserole trouée, puis un robuste éclat de rire fendit l'espace. Esperandious lança un formidable juron : on s'était moqué de lui, et il prenait mal la plaisanterie. Il finit cependant par se calmer. L'officier lui expliqua que les rugissements sortaient de l'arrosoir de Mila dans lequel il avait pratiqué deux trous qu'éclairait une bougie. Le Marseillais se consola en constatant qu'il avait logé une balle dans l'œil de ce lion de café-concert.

Mais nous perdîmes à jamais ce joyeux compagnon de voyage.

VII

I

Un écrivain a affirmé que pour bien décrire un
pays, il était inutile de l'avoir visité. Cet écrivain
a de nombreux partisans, mais j'incline à penser
que tout Français qui a franchi la mer et voyagé
en Algérie, a un avantage sur celui qui n'a jamais
quitté le boulevard et n'a vu un coin de notre colonie que par la contemplation des caïds superbes
et superbement vêtus, venus à Paris pour faire es-
corte au tzar Nicolas II. Méry — qui était né à
Marseille — a certainement exagéré les choses en
érigeant en principe qu'il n'était pas besoin
d'avoir vu pour être compétent en la matière : je
n'exagérerai pas, cependant, le raisonnement contraire, car celui-là serait bien imprudent ou bien

prétentieux qui croirait avoir bien vu, bien jugé, parce qu'il aurait séjourné au pays dont il parle.

Quand on a un peu étudié la question algérienne et suivi les débats auxquels elle a donné lieu, on se fait, au milieu des controverses, une opinion personnelle qu'on croit raisonnée et raisonnable. Rien n'est plus naturel. Mais lorsqu'on

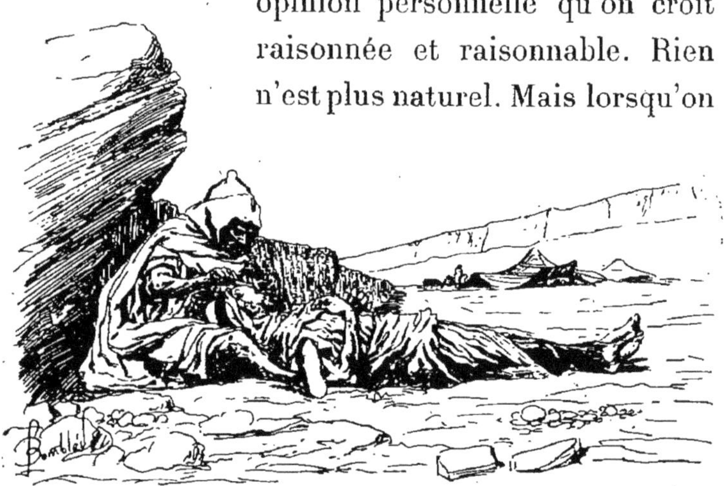

Un barbier arabe.

va en Algérie, on y emporte certaines idées, certaines théories pour lesquelles on a négligé de prendre un billet d'aller et retour, car elles ne reviennent pas avec vous. Il est vrai que la compensation s'établit : on en rapporte d'autres, et c'est bien là la condamnation la plus logique du système préconisé par Méry. Il serait véritablement fâcheux qu'il en fût autrement, car, alors, il n'y aurait plus qu'à tenir pour bonnes et infail-

libles ses impressions premières, qu'à s'efforcer
de les faire prévaloir en les imposant, et à fermer
les livres ou les oreilles pour échapper à toute
contradiction.

Il ne saurait en être ainsi.

Le problème algérien n'est pas si facile à ré-
soudre qu'on le pourrait supposer, et les partis
qui lui cherchent une solution sont si tranchés,
qu'on se demande comment l'accord se pourra
jamais produire entre gens aimant également
leur pays, voulant sa grandeur, sa puissance et sa
prospérité, mais apportant dans la lutte une telle
ardeur, que l'ennemi s'en réjouit avec l'espoir de
profiter un jour de nos dissensions!

La question indigène, celle qui domine tout,
n'est pas, à mon sens, très nettement posée par
ceux qui se déclarent bruyamment les protecteurs
des Arabes. Ils étalent de bons sentiments que tout
le monde partage, mais ils ne vont pas jusqu'au
bout : le sentiment est la première étape des âmes
généreuses : malheureusement, la seconde étape,
l'étape pratique, ne peut être abordée avec la
même chance de succès. Elle serait la négation du
passé, la négation de la conquête et, pour rendre
son plein effet, elle amènerait la France à abandonner l'Algérie. Ce n'est pas là la solution rêvée
et, cependant, ce serait la solution naturelle des-

tinée à couronner les efforts d'une sentimentalité
exagérée.

Un homme considérable de l'Algérie et la connaissant bien, disait en prenant possession du
fauteuil présidentiel du Conseil général de l'une
des provinces :

Parmi ces questions, il en est une qui me préoccupe depuis longtemps parce qu'elle se présente à l'état d'un problème insoluble, je veux parler de la question indigène
qui a fait couler des flots d'encre, sans avancer d'un pas,
nous devons le reconnaître avec contrition.

Et cependant, messieurs, nous ne sommes pas, nous
Algériens, les principaux coupables dans cette erreur per-
sistante, dans ce piétinement chronique dont la responsabilité incombe aux solutionnistes de France qui veulent,
du fond de leur cabinet, régenter ou assimiler l'Islam
d'un trait de plume.

Le problème indigène ne peut être résolu ainsi. Il doit
être traité de même que tous les problèmes scientifiques,
comme un phénomène objectif dont il faut rechercher les
lois naturelles par l'observation, source de la vraie
science.

Celui qui vous parle est né en Algérie, où il compte un
demi-siècle d'existence, et il voudrait aujourd'hui sou-
mettre à votre sagesse le résultat de ses études sur ce
sujet de premier ordre pour le colon français.

Les solutionnistes d'outre-Méditerranée nous offrent
l'option entre deux partis : refoulement ou assimilation
des Arabes. L'un et l'autre sont déraisonnables et nous
conduiraient à la plus profonde des déceptions.

Nous ne pouvons songer à refouler les Arabes ; ce procédé barbare peut être digne de la race anglo-saxonne, mais il répugne à notre caractère national et, d'autre part, sur le terrain pratique, nous ne refoulerons jamais les Arabes, parce que nous avons besoin de leurs bras.

Ils sont les auxiliaires naturels de la colonisation. C'est principalement leur production qui entretient l'activité de nos travailleurs, alimente le trafic de nos lignes de chemins de fer et fournit le fret de nos transports maritimes.

Les indigènes sont les collaborateurs tout indiqués de l'œuvre d'expansion coloniale entreprise par la France sur cette terre d'Afrique. Il est inutile d'insister outre mesure sur cette vérité.

Quant à l'assimilation, elle ne peut avoir été imaginée que par ceux qui parlent des musulmans comme un aveugle des couleurs et qui ne connaissent rien de leur religion. On peut assimiler un peuple ayant un organisme politique, par une pénétration réciproque de deux civilisations, mais il est impossible d'assimiler une race émiettée, sans cohésion politique, sans nationalité, sans idée de patrie, n'ayant d'autre sentiment collectif que la foi religieuse, fanatique, irréductible.

Ne voulant et ne pouvant ni refouler, ni assimiler les Arabes, comment résoudrez-vous le problème? va-t-on me dire.

D'une façon bien simple : en le supprimant, comme une difficulté purement factice que les Français se sont créée à plaisir en arrivant en Algérie!

On pourra ne pas approuver ces déclarations, mais on ne pourra pas reprocher à ce président d'une grande assemblée départementale d'avoir voulu éviter l'obstacle et de ne pas l'avoir résolument abordé. Ce langage était tenu en 1893; l'expérience ne l'a certainement pas modifié. Mais si on ne refoule pas l'Arabe, — l'idée n'en peut venir à personne, car ce ne serait pas le moyen d'assurer les relations commerciales que tentent nos explorateurs, — il reste la question de l'assi-

Un campement.

milation. Est-elle possible et peut-on l'espérer? Le temps est un grand maître et le mot jamais est bien gros : cependant, la réalisation d'un pareil souhait paraît si éloignée, si impossible, que les mieux intentionnés se prennent à en douter.

L'Arabe, nomade par excellence, ne tient pas au sol; que sa tente soit dressée là ou là, cela ne le touche pas; il n'a pas de besoins; il est essentiellement paresseux et, de plus, fataliste.

Mahomet pourvoira à tout et la « vie » lui sera plus douce au paradis du prophète qui leur a dit :

Grattez la terre ici et là, partout où vous trouverez de l'eau, le sol ne vous manquera jamais. Campez, mais ne bâtissez pas, car d'un moment à l'autre il vous faudra transporter ailleurs vos troupeaux; soyez sobres, car le vin ne vaut rien sous le soleil; multipliez-vous par la polygamie, car la mort vous visitera souvent: tous les accidents dont d'autres moins forts que vous se lamenteraient, vous trouveront indifférents, muets devant la volonté de Dieu, et vous quitterez la vie avec bonheur, car je vous attends dans les délices de mon paradis.

L'Arabe a une insouciance invincible, et comme vous ne pourrez jamais toucher à sa religion — encore moins la supprimer — pas plus qu'à ses mœurs et à ses habitudes, il restera ce qu'il est, et il n'y a qu'à « accepter la race arabe comme une vérité ethnologique qui a droit de cité sur terre, à côté des races chrétiennes et de la nôtre en Algérie ». L'indigène « assimilé », s'il y en a, est celui qui a fréquenté nos chantiers, travaillé avec nos ouvriers; mais celui-là s'est surtout assimilé nos défauts et nos vices qui viennent s'ajouter aux siens sans pour cela l'attacher à notre civilisation et en faire un véritable ami. Ce qu'il veut, avant tout, c'est ne rien faire; sa paresse est incurable : il veut être libre de dormir au soleil, empaqueté dans des haillons; le reste lui im-

porte peu. Il faut le prendre tel qu'il est, ce sera
peut-être la meilleure manière, la seule, d'arriver
un jour à modifier ses habitudes. Les exemples ne
manqueraient pas, prouvant l'inutilité de nos
efforts pour une assimilation rapide et, aussi, le
néant de certaines théories qui partent d'un bon
naturel mais sont vouées, d'avance, à l'insuccès!

Si, dès à présent, on pouvait entrevoir la possibilité plus ou moins prochaine d'une assimilation,
c'est dans l'armée qu'il la faudrait chercher. N'est-
ce pas là que la camaraderie, que la vie commune,
que les dangers courus, que les joies et les espérances partagées au bon temps de la jeunesse,
que la gloire qui a fait une auréole au drapeau du
régiment, que les galons conquis, auraient dû agir
efficacement sur l'Arabe et changer son état d'âme?
Eh bien, là encore, le résultat est négatif. En voici
la preuve la plus convaincante qu'on puisse citer.

Un enfant arabe est élevé à la française. Il est
intelligent, on l'instruit, il travaille; on le prépare
à Saint-Cyr où il est admis. Le voilà officier. Il
fait toute sa carrière en Algérie, aux spahis, depuis le grade de sous-lieutenant jusqu'au grade
de colonel. L'âge de la retraite a sonné, et le
colonel Ben-Daoud qui, pendant quarante ans, a
vécu de notre vie, a pratiqué nos habitudes, a été un
brave et loyal soldat, a gagné la rosette d'officier

de la légion d'honneur, est retraité comme colonel français, *retourne à la tente et reprend le burnous !*

Le brillant colonel de spahis a oublié toute sa vie, pour ne se rappeler que sa naissance ! Que peut-on attendre, alors, de l'indigène abruti et fainéant, aveuglément soumis à sa religion ? Et quel exemple funeste que celui de cet officier supérieur reprenant sa place parmi ses coreligionnaires si longtemps délaissés et prouvant qu'on peut servir la France sans laisser entamer ses croyances et sans se laisser assimiler !

Si l'éducation et l'instruction du colonel Ben-Daoud n'ont pu faire disparaître ni même entamer l'atavisme, il ne faudrait pas supposer que c'est par l'école que se produira l'assimilation. Multiplier les écoles en Algérie est une excellente chose ; il ne serait pas prudent de croire à leur infaillibilité. Elles sont utiles, nécessaires, indispensables, et elles concourent puissamment à établir notre influence par la diffusion de notre langue : voilà qui est certain, et on peut affirmer qu'elles sont la première étape vers un état de choses meilleur. L'*Alliance Française,* association nationale pour la propagation de la langue française dans les colonies et à l'étranger, a déjà rendu des services inappréciables en fondant partout des écoles ; mais, si elle songe à apprendre le français aux indigènes, elle n'a pas la prétention

Écolе de l'Alliance Française.

de les assimiler. Cela ne l'empêche pas de multiplier les « messid », de faire qu'elles soient fréquentées par le plus grand nombre possible d'enfants, et toutes ses ressources sont employées à répandre des subventions dans le monde, à maintenir, à encourager ou à créer des écoles. La pratique nous commande de ne pas chercher à faire des savants, des faux savants surtout, mais bien d'apprendre à un Arabe les mots les plus usuels de la conversation ordinaire, les mots dont on se sert le plus souvent dans les relations commerciales, les mots, enfin, qui leur permettent de nous comprendre, de causer un peu avec nous et de se rapprocher du conquérant qu'ils redouteront moins quand ils le connaîtront davantage (1).

(1) Il est assez piquant de reproduire l'allocution suivante adressée en 1894 par M. Cambon, lors d'un voyage dans le Djurdjura, aux instituteurs des écoles kabyles de Tizi-Ouzzou :

« Nous n'avons pas pour mission de changer les mœurs et les coutumes du peuple vaincu; nous n'avons que celle de lui rendre notre domination bienfaisante en le rapprochant de nous. Or, un Kabyle à qui nous avons enseigné la langue française élémentaire et donné la possibilité d'acquérir un peu plus de bien-être, en le mettant à même de tirer quelque chose de plus de la terre qu'il cultive ou du métier qu'il exerce, a reçu de nous tout ce que nous devons lui donner.

« Vous vous rappelez que j'ai visité vos écoles, il y a deux ans, avec M. Bourgeois, ministre de l'instruction publique. Si mes souvenirs sont fidèles, c'est chez vous, Monsieur (désignant le directeur de l'école d'indigènes de Tizi-Ouzzou), que nous avons entendu expliquer le mot *pourtraicture* dans une leçon de français. Il a paru à M. le Ministre et à moi que ce mot ne devait pas être enseigné à un Kabyle. Vous n'êtes pas personnellement responsable, monsieur l'instituteur, de ce qui s'est passé : vous aviez à vous servir d'un livre que vous n'aviez pas choisi et que vous aviez trouvé entre les mains des enfants.

« Mais il n'en reste pas moins vrai qu'un jeune indigène ne saurait

C'est là le premier pas.

Vouloir traiter les enfants indigènes comme nos enfants qui fréquentent les écoles, c'est vouloir, de gaieté de cœur, tourner le dos au but poursuivi. On ennuiera l'Arabe, on ne l'instruira pas. Ce qu'il faut, à côté des leçons de langue française, c'est développer l'école manuelle ou professionnelle, et l'amener à se perfectionner dans le métier, de telle façon qu'il fasse mieux, tout en conservant son originalité, qu'il prenne goût à ce qu'il fait et qu'il songe à amasser un petit pécule et à économiser, car l'indigène ne pense jamais au lendemain.

« N'essayez pas de comprimer l'Islam, c'est une force incoercible, une doctrine qui devait séduire par sa simplicité même les populations

être initié aux finesses de la langue française et amené à distinguer le langage du moyen âge de celui de la Renaissance, et celui du xviiᵉ siècle du langage moderne. Il doit connaître seulement le langage simple et courant qui lui permettra de se mettre en communication avec nous. Sans cela, je le répète, nous compromettrions, en enlevant aux indigènes leurs goûts primitifs, leur manière de penser et vivre, la domination de la France en ce pays.

« Nous poursuivons, avec conviction et bonne foi, une œuvre que nous savons utile et pratique si elle est bien dirigée; mais nous n'en commençons pas moins à voir que nous sommes peut-être allés trop vite, que nous compromettons les finances communales et, par cela même, un peu les finances de l'État. Il faut, en tout, aller lentement et avec sagesse, en se rendant compte constamment des résultats acquis et de leur nature. Par le fait même que les Kabyles sont susceptibles d'un certain développement intellectuel, il faut nous défier des armes que nous pourrions mettre à leur disposition. »

qu'elle a asservies. N'essayez pas davantage d'imposer aux Arabes vos coutumes, vos mœurs judiciaires, votre mur mitoyen, vos licitations et tous les rouages de votre procédure aussi compliquée que ruineuse. Ils n'ont que faire de cet arsenal et de votre papier timbré; ce qu'ils veulent, ce qu'ils aiment, ce qui leur convient, c'est la justice sommaire, expéditive, serait-elle boiteuse. Ne soyez pas plus royalistes que le roi, et ne prétendez pas faire leur bonheur malgré eux. »

Là est la vérité. Les lois de la métropole ne valent rien, le plus souvent, pour l'Algérie, et puisque nous sommes destinés à vivre avec les Arabes, à utiliser leur capacité spéciale pour l'exploitation de ce pays, notre premier devoir est de respecter sans arrière-pensée leurs mœurs et leur religion en bannissant de notre esprit et de notre programme toute idée d'assimilation. Il faut montrer notre force aux populations indigènes, mais il faut aussi leur inspirer confiance, les convaincre qu'elles n'ont rien à craindre de notre part pour leurs mœurs, pour leurs coutumes, et que nous en reconnaissons la raison d'être et la légitimité.

II

Est-ce à dire qu'il soit toujours facile d'appliquer ces théories? Nous ne le croyons pas. La pratique est souvent malaisée avec l'Arabe, qui n'a de respect que pour la force, jamais pour la propriété d'autrui, qui n'accepte une loi que lorsqu'elle ne le gêne pas ou lui est profitable, et qui, enfin, pousse bien loin la limite de la tolérance accordée à ses mœurs.

Les indigènes volent et assassinent : c'est dans leurs coutumes et dans leur tempérament. Pour eux la vie humaine est peu de chose, leur fatalisme les amenant au mépris de la mort; entre eux, un peu d'argent « efface » le sang, et l'affaire est terminée. Mais vis-à-vis de nous, il en est autrement : tuer un *roumi* (chrétien) n'est pas une action blâmable, c'est au contraire acquérir un titre de plus au paradis des houris. Seule, la crainte peut les retenir. Lorsqu'ils ont commis un crime et qu'ils sont condamnés, ils marchent crânement à l'échafaud, presque avec indifférence :

ils seront plus heureux là-haut! Il y aurait, paraît-il, un moyen de les arrêter un peu sur la pente du crime : ce serait de ne pas donner aux coupables et à leur famille la dernière « satisfaction » qui fait tout oublier, et de laisser, après l'exécution, la tête séparée du tronc. De cette fa-

Le helb du douar.

çon, ils seraient bien morts et ils n'iraient plus au paradis!

Quant au vol, il est particulièrement en honneur chez eux. Ils se volent entre eux, à telle enseigne que si l'on veut ruiner une tribu, on n'a qu'à la désarmer en laissant, au contraire, des armes aux tribus voisines : la tribu désarmée sera promptement razziée. Et le « vol est tellement dans leur sang qu'un jeune Arabe qui n'a pas encore volé n'est pas considéré comme un homme; il n'existe pas, pour les femmes; mais le jour où il revient du douar voisin avec le produit de ses rapines, il est accueilli par les *yous-yous* flatteurs des *moukères,* lesquelles ont d'ailleurs un faible bien connu pour les garçons réputés fins voleurs ». Cela est déjà grave, même quand le fait se produit entre indigènes; mais cela est encore plus grave quand un de nos colons est dépouillé, ce qui n'est point rare. Et il faut surveiller ses récoltes avec un soin tout particulier, le fusil au poing. Au moment des vendanges, surtout, la garde doit être sévère et continuelle si l'on ne veut s'éveiller, un beau matin, avec la seule ressource de s'écrier : Adieu paniers, vendanges sont faites!

Mince consolation que cette décevante constatation; mais l'Arabe est un grand mangeur de raisin et on n'ose pas tirer sur lui pendant qu'il opère une razzia nocturne, car ce serait un beau tapage parmi les arabophiles exagérés, si l'on apprenait qu'un indigène a été tué pour avoir « pris une grappe de raisin ». Cette grappe est parfois la récolte tout entière. Du reste, dans une ferme, on fait la part du vol et la part des raisins mangés pendant les vendanges mêmes par les Arabes employés, et ces deux parts se chiffrent par un tant pour cent assez élevé. Le colon doit avoir de la philosophie.

Les rapines ne se bornent pas au raisin, qui n'est jamais trop vert : les céréales ne sont pas beaucoup plus respectées. Voici ce qu'on m'a conté :

La récolte d'un colon d'Oued-Zenati avait été à moitié enlevée ; on fit bonne garde, la nuit suivante, et l'on surprit les voleurs en train d'enlever l'autre moitié. Les voleurs se sauvent ; on les pour-

Un Chaouch.

suit ; ils sont nombreux ; il y a lutte, presque tous échappent. L'un d'eux est saisi. Est-ce le chef ? Il est à cheval, proteste de son innocence et refuse de mettre pied à terre. Des gens de son douar accourent, prennent fait et cause pour lui.

Les propriétaires de la récolte vont avoir le dessous et brusquent le mouvement, forçant l'Arabe à descendre de cheval. Mais lui se laisse choir comme une masse, et ne donne plus signe de vie. Alors c'est un bruit assourdissant : les femmes crient, pleurent, s'écorchent la figure avec leurs ongles. L'un des leurs est mort; elles se livrent à la *joumia*. Ça menace de mal tourner. L'Arabe est toujours étendu, sans mouvement. Les matraques et les couteaux vont se mettre de la partie. Le propriétaire a un trait de génie. La ferme n'est pas éloignée, le domestique y court et rapporte un instrument cher à M. de Pourceaugnac, mais dont les Arabes ont une sainte horreur. Et, bravement, le fermier s'approche du « mort » pour lui donner ce que vous savez, avec une seringue de cheval. Le « mort » se releva, d'un trait, et se mit à courir. On eut quelque peine à le rattraper.

Sans la présence d'esprit du fermier, il était volé et accusé d'assassinat et, très probablement, il ne se fût pas tiré sain et sauf du mauvais pas dans lequel le stratagème de l'Arabe l'avait mis. L'Arabe fut jugé et condamné, mais, à sa sortie de prison, on alla à sa rencontre, on le félicita et le douar fut en fête.

Aller en prison n'est pas une peine infamante,

au contraire : le voleur est particulièrement respecté par ses coreligionnaires.

Le vol est presque un métier pour l'Arabe, et un métier lucratif qu'encourage la tolérance accordée à ses mœurs. Ainsi, par exemple, une jument ou un bœuf ont été soustraits à un colon. Où sont-ils cachés et quel est l'auteur du méfait? On ne sait. Quelques jours après, un indigène se présente :

— On t'a volé, dit-il, une jument et un bœuf? Tenais-tu à tes animaux?

— Oui, répond le fermier.

— Eh bien, je sais où ils sont, et si tu me donnes trois cents francs, je t'indiquerai les endroits où ils sont cachés.

L'opération est courante et tolérée : elle s'appelle la *Bechara;* celui qui la pratique se nomme le *bacheur.* Le colon, s'il veut revoir ses bêtes, paie la somme demandée et va les chercher à l'endroit désigné. Le plus souvent, le bacheur est le voleur, qui n'est jamais inquiété pour ce petit commerce. On raconte l'anecdote suivante :

La crosse du cardinal de Lavigerie avait disparu. On la chercha longtemps. Un Arabe vint et fut mis en présence du secrétaire général de l'archevêché.

— Tu as perdu la *matraque* à Monseigneur;

donne-moi cent francs, je t'indiquerai où elle est.

Un gourbi indigène.

La « matraque » à Monseigneur ! Le mot est joli.

Avec de pareilles mœurs, il sera toujours difficile d'opérer un rapprochement complet entre nous, mais sans vouloir molester inutilement les Arabes, il ne faut pas compter sur leur reconnaissance, et il ne faut jamais oublier de leur faire sentir que nous sommes forts. Et le malheur est que, par raison et par souci de sa propre sécurité, il est nécessaire de ne pas se montrer trop bon, la bonté étant l'équivalent de la faiblesse et de la peur. Alors, l'Arabe nous méprise. Pour lui « la force est un Dieu; il l'adore dans toutes ses manifestations. Soyez un cavalier intrépide, un chasseur adroit, corrigez sans pitié les insolents, il sera parlé de vous sous la tente comme d'un chef puissant auquel il ne faut pas se frotter, et vous pourrez circuler tranquillement. Il ne vous sera jamais rien dit. La question peut se résumer en quelques mots : bousculez un Arabe dans la rue, vous êtes un *sidi;* dérangez-vous pour lui faire place, vous êtes un *meskine* ».

M. Albert Pelletreau, ingénieur des ponts et chaussées, qui a habité l'Algérie pendant plus de vingt ans, l'a parcourue dans tous les sens et la connaît à fond, a publié dans la *Revue Libérale* de très remarquables études sur la colonisation algérienne. Il dit :

Veut-on des exemples? En voici un entre mille : Un de mes amis voyageait un jour en pays arabe. Cet ami connaissait les indigènes et il les juge comme moi, plus sévèrement même, car il y a plus longtemps que moi qu'il est en Algérie. Pendant qu'il déjeunait auprès d'un douar, on lui vola son portefeuille qui ne contenait absolument que des cartes et des plans. Il appela l'*ouakaf* et lui expliqua qu'un de ses hommes avait dû trouver ce portefeuille, en ajoutant qu'il donnerait une récompense honnête à celui qui le rapporterait. Tout le monde nia énergiquement l'avoir vu. Très vexé de perdre le travail de plusieurs semaines, mon ami déclara alors que si son portefeuille ne lui était pas rendu au bout de dix minutes, il mettrait le feu au douar. C'était peut-être bien un peu vif, et au bout des dix minutes ledit portefeuille n'ayant pas été restitué, il regrettait sans doute de s'être laissé entraîner à formuler une semblable menace. Mais, persuadé, s'il cédait, qu'il serait exposé par la suite à des vexations de tout genre, il prit son parti en brave et se mit en devoir de commencer l'opération. Instantanément le portefeuille fut retrouvé et on lui fit même des excuses. Depuis des années, cet ami voyage en pays arabe, accompagné seulement d'un chaouch, et depuis cette époque, il ne lui est jamais arrivé rien de semblable. On le connaît et partout on le respecte et on l'admire (1).

L'Arabe est tout entier dans ce proverbe : « Baise la main que tu ne peux mordre et prie qu'elle soit brisée. »

Faut-il conclure pour cela, continue M. Albert Pelletreau, que les Arabes doivent être menés au bâton, qu'on peut les tromper comme on veut, et qu'il n'y a aucun égard à avoir pour eux? Ce se-

______

(1) Albert Pelletreau, *la Revue Libérale*, août 1883.

rait faux également. Il est nécessaire de maintenir une autorité forte, armée de pouvoirs étendus,
mais il ne faut pas de rigueurs inutiles. Il faut
même tout ce qui peut être concédé sans dangers,
c'est-à-dire sans compromettre le principe de cette
autorité. Ne touchons pas à leur religion! Voilà
le grand point. A cette condition, il n'y a aucun
inconvénient à avoir une main ferme, et c'est une
nécessité absolue, si nous voulons nous maintenir
en Algérie.

Le respect de la force se manifeste en toute
circonstance. Un jour, je rentrais de Constantine;
dans le même compartiment que moi, voyageait un
Arabe qui parlait admirablement le français et dont
le costume dénotait la condition. Trop heureux de
me renseigner et de profiter d'une si belle occasion, je liai aussitôt conversation avec mon voisin
qui n'était autre que le représentant indigène de
la Petite Kabylie au Conseil général de Constantine. Il se prêta de bonne grâce à tout ce que
je lui demandais. Les questions et les réponses
se croisaient, sans suite, ainsi qu'il convient
dans un entretien qui n'a pas été réglé d'a-
vance et qui, sans transition, permet de parler de
tel ou tel sujet, selon les remarques du voyage.
J'étais véritablement enchanté de l'aubaine. Le
caïd était entré dans des développements circons-

tanciés et intéressants, me fournissant des explications que j'avais entrevues, dans d'autres causeries,

Un Caïd

mais qu'il me plaisait de voir consacrer par un
homme de son importance qui, ce qui ne gâtait
rien, s'exprimait avec une pureté de langage que
je lui enviais. Et quelle douceur dans la voix!

Tout d'un coup, à la station de Mansoura, la conversation cessa, et malgré mes questions réitérées, elle ne reprit pas le tour d'intimité qu'elle avait eu jusque-là. Mon interlocuteur ne répondait plus que par monosyllabes, d'un air presque ennuyé. Pour ne pas le désobliger, je devins moins pressant et regardai le paysage, chacun demeurant dans son coin.

Que s'était-il donc passé? Avais-je, sans le vouloir, vexé ce caïd par des questions indiscrètes, inopportunes? Non. A Mansoura, un monsieur, retour d'une partie de chasse, était monté. Il était en civil. Deux personnes l'avaient accompagné au train et lui avaient dit, simplement :

— Une autre fois, nous ferons mieux. Au revoir, mon colonel.

Ce mot « colonel » avait suffi : il représentait la force, le régiment, l'uniforme; l'Arabe n'avait plus rien dit!

J'avoue que je regrettai cette circonstance fortuite qui terminait trop brusquement mon enquête si bien commencée avec un homme qui se disait dévoué à notre pays, connaissait les affaires, était mêlé aux discussions d'une grande assemblée départementale et, sans parti pris, émettait des opinions fort raisonnables. Il ne répondait pas sur tout, — on n'en sera pas surpris, — mais quand il ré-

pondait, c'était en connaissance de cause et avec
un grand bon sens. Il descendait à Beni-Mançour
pour prendre le train qui le reconduisait chez lui,
près de Bougie où il possédait d'importantes hui-
leries. Il n'y avait plus de temps à perdre pour
prendre congé de lui. Je lui posai deux questions.
Pourquoi la colonisation de l'Algérie ne réussis-
sait-elle pas mieux? Il répondit mollement, comme
à regret, comme quelqu'un qui est fatigué de parler :

— Parce que vous nous envoyez, comme colons,
la lie de la société!

Peste! c'était sévère. A la seconde question,
ses yeux brillèrent; de paresseuse qu'elle était,
sa parole devint vive; elle n'était plus douce, mais
forte, et sa figure s'éclaira. Je lui avais demandé,
pour le tirer de la torpeur où il paraissait plongé :

— A-t-on eu si grandement tort de rendre le
décret de 1870?

Il reprit :

— Oui, on a eu tort, on a commis une bêtise.
Vous le verrez un jour, mais il sera trop tard.
Vous avez mécontenté des gens qui ne deman-
daient qu'à vivre en bonne intelligence avec vous
et qui ne vous pardonneront pas d'avoir fait pour
nos ennemis ce que vous n'avez pas fait pour nous
qui, du reste, ne vous demandons pas cela. Nous

préférons qu'on nous laisse tranquilles et qu'on ne nous force pas à faire de la politique!

Le caïd avait oublié le « colonel » et si le train n'était pas arrivé si tôt à Beni-Mançour, la réponse eût été certainement plus longue.

Ceci se passait en 1894.

III

L'État doit aide et protection aux colons, cela
est certain, mais il devrait leur épargner les tra-
casseries sans nombre d'une colonisation par trop
officielle qui est, on peut l'affirmer hautement,
la cause dominante du malaise algérien. Et ce
malaise n'est pas près de prendre fin, car personne
n'aura le courage d'apporter le véritable remède
à la situation.

Le programme de colonisation doit contenter
tout le monde : c'est dire qu'il ne satisfait personne, complètement.

Les commissions chargées d'élaborer ce programme comprennent des conseillers généraux,
des notables et des fonctionnaires. Les conseillers généraux représentent les intérêts d'ensemble
de la colonisation; les notables doivent renseigner sur la valeur agricole des terres, sur leur
valeur vénale, sur les cultures qu'il sera possible
de créer, sur le nombre d'hectares qu'il faudra
allouer à chaque colon... Les fonctionnaires sont :

le président, qui est un conseiller de préfecture ou un sous-préfet; un agent du service des domai-

Européen en costume arabe.

nes; un agent du service forestier; un ingénieur; l'administrateur de la commune; un géomètre; un médecin de colonisation. D'autres services sont aussi appelés à donner des avis détaillés, et la commission, résumant les opinions émises, dresse un rapport d'ensemble et le Gouverneur décide si le centre doit être inscrit ou non au programme de colonisation. C'est alors que viennent les projets d'exécution, les expropriations, les travaux et, enfin, le peuplement par voie de concessions.

Il est peut-être difficile de faire autrement, mais il y a de graves inconvénients qui vicient, dès l'origine, le travail des commissions : les conseillers généraux et les notables représentent ou appartiennent à la région dans laquelle ils opèrent et, tout naturellement, ils défendent les intérêts qui leur sont confiés, s'efforçant de favoriser leur région même où tous les centres qu'on leur propose seront admirablement placés. Et, ainsi, la désignation des centres à créer ne répondant pas à un plan d'ensemble, ces centres sont éparpillés sur un trop vaste territoire, sans ressources suffisantes pour les doter, les achever et les faire prospérer, et, au lieu de réussite, il n'y a que déceptions et déconvenues. C'est alors que se produisent les récriminations qui amènent presque toujours la défaveur sur notre œuvre de colonisation.

Le système électif plane sur la colonisation officielle à laquelle il impose un vice qui, hélas ! ne laisse pas espérer les modifications heureuses qui s'imposeraient. Il n'est pas humain qu'un sénateur, qu'un député, qu'un conseiller général se désintéresse de sa province, de sa circonscription ou de son canton, et il né faut pas être surpris que, chacun essayant de tirer la couverture à soi pour prouver son influence, les opérations d'un caractère général soient presque nulles et que les ressources du budget alimentent, par minces filets, autant de sources qu'il y a d'intérêts en jeu. Et le Gouverneur général qui veut vivre en bonne intelligence avec les pouvoirs élus, laisse marcher la machine, dans l'ornière suivie : cela durera toujours autant que lui !

Cette question, souvent envisagée, n'a jamais été abordée de front. Elle a été indiquée, plus ou moins timidement, mais jamais une discussion précise, approfondie, n'a eu lieu au Parlement où, cependant, une immense majorité pense, *in petto,* qu'une réforme s'impose. Dans l'intérêt de nos colonies, on verrait volontiers disparaître les députés et les sénateurs, mais on ne veut pas voter la mort de ses collègues ! Il faut noter, cependant, une récente déclaration de M. d'Estournelles au cours d'une interpellation sur la Tunisie. L'honorable député disait, dans la séance du 15 février 1901 :

Le protectorat paisible et à bon marché n'étant pas et ne pouvant pas être un prétexte à expédition et une pépinière de fonctionnaires, sera nécessairement toujours attaqué; mais, précisément pour ce motif, plus on l'attaquera, plus nous devrons le défendre. Ne laissons pas détruire peu à peu, par une succession de concessions et de faiblesses, l'œuvre qui nous fait tant d'honneur et si bon profit. Gardons-nous d'y laisser porter indirectement la moindre atteinte.

Soyons assez clairvoyants pour voir où l'on voudrait nous entraîner, assez fermes pour résister. Si la Chambre se laissait aller à des suspicions injustifiées, à des ingérences excessives dans l'administration du protectorat, elle affaiblirait l'autorité qu'elle doit au contraire consolider dans la Régence et, peu à peu, qu'arriverait-il? C'est que nous verrions la Tunisie devenir un quatrième département algérien, avec préfets, sous-préfets et tout le cortège de fonctionnaires que vous connaissez, sans compter, bien entendu, les sénateurs et les députés. (*Très bien! très bien!*)

C'est contre ces infiltrations et ces surprises désastreuses que j'ai voulu mettre la Chambre en garde.....

Le fonctionnarisme est aussi un des impedimenta de la colonisation. MM. Millerand et Viviani ont dit un jour, à la tribune du Palais-Bourbon, qu'on n'envoyait en Algérie que des fonctionnaires mauvais ou tarés; c'est excessif et inexact, mais il est certain que le fonctionnaire apporte là-bas un peu des habitudes administratives de la métropole : c'est trop. Et il en résulte une situation étrange : c'est que la plupart des lois sont inapplicables aussi bien pour le Français que pour l'indigène. Le désarroi est trop souvent complet.

Voici un exemple entre mille. Un notaire d'une des plus grandes villes d'Algérie avait/passé un acte de vente, prenant toutes les précautions nécessaires contre la mauvaise foi arabe : ce fut peine perdue, et la cour d'Alger rendit, le 2 février 1891, l'arrêt suivant :

Attendu, d'autre part, que vainement X... cherche à dégager sa responsabilité sous le prétexte qu'il aurait trouvé la contenance indiquée dans les pièces soumises à son examen; qu'il savait qu'il ne faut accepter qu'avec la plus grande circonspection les indications portées aux titres arabes; — que, d'un autre côté, en admettant qu'un autre notaire ait imprudemment accepté les énonciations de ces titres arabes, son imprudence, si elle existe, ne saurait couvrir la négligence de X...

Et le notaire qui avait eu foi aux titres arabes et aux actes dressés par un autre notaire, fut condamné. Quelle sécurité, quelle confiance peuvent régner dans les relations, dans les affaires, quand on est exposé à de pareils arrêts ?

Il ne faut avoir confiance en rien, alors ?

C'est malheureusement ce qui arrive.

A côté de ce manque absolu de confiance, les délégations officielles, parlementaires ou extraparlementaires qui vont en Algérie, faire une enquête, croient tout ce qu'on leur dit. Elles prennent pour argent comptant les déclarations des indigènes,

des caïds, des fonctionnaires, comme si les indigènes et les caïds disaient la vérité en réponse aux
questions qui leur sont adressées ; comme si les
fonctionnaires pouvaient, en toute indépendance,
exprimer leur pensée quand, le lendemain, ils
seraient exposés à la vengeance des corps élus et
du gouvernement qui ne veut pas les mécontenter !
C'est pourquoi les délégations officielles n'ont
qu'un résultat : permettre un voyage à des gens
qui se figurent tout connaître et tout savoir parce
qu'ils ont mis le pied sur le sol algérien !

M. Burdeau, durant une enquête à Biskra, obtint
cette réponse d'un indigène dont il essayait de
tirer un renseignement :

— Je suis comme le palmier... il y a le tronc et
la feuille... la feuille remue... la feuille, c'est
moi... le tronc, c'est toi... je dois me taire... mais
nomme-moi caïd, et je te dirai tout ce que tu voudras...

L'indigène, qui ne perdra jamais l'occasion de
vous tromper ou de vous voler, réclame, pour lui,
la justice la plus étroite ; il veut, aussi, qu'on
respecte la parole donnée. C'est là un côté étrange
de son caractère. Une anecdote le montrera.

J'avais confié ma valise à un jeune arbi pour
aller jusqu'à la gare d'Alger. Il y avait environ
deux cents mètres. Je lui donnai la monnaie que

j'avais : quarante centimes. Un Algérien me dit :

Femme de la tribu des Ouled-Chéliff.

« Vous gâtez les prix ; il fallait lui donner deux

sous et un coup de pied dans le derrière! » Le train allait démarrer quand mon arbi se présenta à la portière du wagon. Il s'écria, sans préambule :

— Tu sais, m'sieu, tu me dois deux sous... Tu as été très généreux en me donnant huit sous... mais il y en a deux qui ne sont pas bons, ils sont italiens, et puisque tu voulais me donner huit sous, tu m'en dois deux!

Je les lui donnai, il garda les sous italiens et les fit sûrement passer. Mais le raisonnement était ingénieux!

L'Arabe est paresseux et incapable de s'attacher à son maître. Il se fait domestique, se croyant fonctionnaire, mais il ne voudrait rien faire. Il est aussi incapable d'une attention quelconque : il ne demande qu'à obéir. Une seconde anecdote le prouvera.

La femme d'un haut fonctionnaire de Constantine donnait un grand dîner. Les invités étaient tous arrivés. On n'attendait plus que le sacramentel : « Madame est servie! » La porte s'ouvrit et Ahmed parut, solennel :

— Madame il est servi... mais dîner y a pas... Saïd y est saoul...

— Pourquoi n'as-tu pas prévenu?

— Ça, madame, ça pas mon z'affaire... c'est pour son compte à ly...

On rit beaucoup, mais le contre-temps était désagréable.

Si nous voulons réussir en Algérie, il faut résolument prendre un parti : s'en aller, ou rester.

S'en aller ?

Mais l'étranger n'attend que cela, et il se prépare à nous en chasser. L'Anglais ne dissimule même pas ses intentions : par une incessante propagande, il se mêle à l'indigène. L'Italien s'infiltre partout ; soutenu par son gouvernement, il travaille à bas prix, pendant la paix, jouit des avantages qu'on lui fait, et, à la première heure d'une guerre, l'espion d'hier sera le traître de demain.

Tout cela se passe au grand jour, sans qu'on s'en inquiète, et il semble, au contraire, qu'on couvre tout de son autorité ?

Il est temps, cependant, d'aviser ; il est temps de tirer parti de cette merveilleuse colonie située à nos portes ; il est temps de lui donner un essor, une tranquillité, une sécurité qui feront véritablement de l'Algérie une seconde France. Mais il faut rompre avec les utopies et les illusions, puisque nous voulons conserver notre conquête. Là-bas, nous sommes chez nous ; laissons les Arabes faire leurs prières, considérons-les comme des invités qui conservent leurs habitudes, mais ne doivent rien tenter contre leurs hôtes. Et qu'on ne vienne pas, par une

Une mosquée.

sentimentalité outrée, crier qu'on les spolie, alors
que sous les beys ils n'étaient que des usufruitiers

sous la dépendance de leurs maîtres... et quels maîtres !

Dans un banquet qui lui fut offert par la *Réunion d'études algériennes*, M. Jonnart, Gouverneur, a prononcé un important discours où il a exposé ses vues sur la question algérienne. En voici quelques extraits bien intéressants :

Vous n'ignorez pas que le malaise dont souffre l'Algérie remonte à des causes lointaines. Avec Jules Ferry et Burdeau, nous avons montré les erreurs et les dangers de la politique d'assimilation et d'excessive centralisation.

Il est évident que l'Algérie n'est que le prolongement de la France, si l'on considère simplement les sentiments patriotiques qui animent les Algériens et leur attachement à la mère-patrie ; mais l'Algérie a une physionomie originale, distincte, une personnalité propre, trop longtemps méconnue, étouffée sous le niveau d'institutions-importées de notre vieille France, adéquates à d'autres besoins et à d'autres mœurs.

L'œuvre de décentralisation administrative et financière une fois accomplie, nous reviendrons, mieux armés pour l'exécution, au vieux programme algérien qui se résume en ces quelques mots : assurer aux colons des terres, de l'eau, des moyens de transport et la sécurité.

En poursuivant la mise en valeur du sol et du sous-sol de la colonie, la recherche et l'utilisation de toutes ces richesses, nous entendons y asseoir, de la façon la plus durable, la prédominance de la race française et de son génie. Mais cette ambition n'est pas exclusive, à coup sûr, d'une politique protectrice de nos sujets musulmans (1).

(1) A ce propos, il n'est peut-être pas inutile de publier la liste des

Soyons forts, très forts, et nous serons respectés. Ne nous laissons pas aller à la décevante perspective d'une assimilation prochaine. L'erreur serait dangereuse. Employons la main-d'œuvre arabe ; ne laissons pas inoccupées des forces utiles à la colonisation et demandons à la main-d'œuvre pénitentiaire ce qu'elle peut et doit produire ; multi-

*. commandants en chef et des Gouverneurs généraux qui se sont succédé depuis la conquête. C'est là un document.

Commandants en chef.

1830. Maréchal de Bourmont. — Maréchal Clauzel.
1831. Lieutenant général Berthezène. — Lieutenant général Savary, duc de Rovigo.
1833. Général Avizare. — Lieutenant général Voirol.

Gouverneurs généraux.

1834. Lieutenant général Drouet d'Erlon.
1835. Maréchal Clauzel.
1837. Lieutenant général Damrémont. — Maréchal Vallée.
1840. Lieutenant général Bugeaud.
1845. Lieutenant général Lamoricière.
1847. Lieutenant général Bedeau. — Général duc d'Aumale.
1848. Général Cavaignac. — Général Changarnier. — Général Marey-Monge. — Général Charron.
1850. Général d'Hautpoul.
1851. Général Randon.
1859. *Ministère de l'Algérie et des Colonies.*
1860. Maréchal Pélissier.
1864. Maréchal Mac-Mahon.
1870. Du Bouzet (*commissaire extraordinaire*).
1871. Lambert (*commissaire extraordinaire*). — Vice-amiral de Gueydon.
1873. Général Chanzy.
1879. Albert Grévy.
1881. Louis Tirman.
1891. Jules Cambon.
1897. M. Lozé, pendant deux jours. — M. Lépine.
1898. M. Laferrière.
1900. M. Jonnart.
1901. M. Revoil.

plions les routes, les chemins, les chemins de fer ; donnons de l'eau par tous les moyens en notre pouvoir ; que les provinces ne se disputent pas ou un barrage ou le tracé du transsaharien... La France a des capitaux qu'elle emploiera utilement en Algérie, au lieu de les exposer au delà d'océans d'où ils ne reviennent jamais.

L'œuvre est tentante ; elle est belle à accomplir. Les années feront le reste.

FIN.

TABLE DES MATIÈRES

VII

VIII

TYPOGRAPHIE FIRMIN-DIDOT ET Cie, — MESNIL (EURE).